Die Welt der ersten Christen

Kultur, Religion und Politik im ersten Jahrhundert

Edwin Yamauchi

R. BROCKHAUS

Titel der Originalausgabe:
»The World of the First Christians«,
erschienen bei Lion Publishing, Oxford, England.

© 1981 Lion Publishing
© der deutschen Ausgabe: R. Brockhaus Verlag Wuppertal und Zürich

2. Auflage 1990

Redaktion und Zusatzmaterial:
Ruth Connell, Derek Williams

Illustrationen:
Evelyn Bartlett (S. 112,115,119, 120, 121)
Roger Dicks (S. 104)
David Reddick (S. 23)
Edward Ripley (S. 49, 55, 85, 88)
Ray Wright (S. 46, 86, 92, 110, 114)

Karten:
Roy Lawrance, Lesley Passey

Übersetzung der deutschen Ausgabe:
Margarete Drißen, Tobias Kriener

Satz und Montage:
Breklumer Druckerei Manfred Siegel

ISBN 3-417-24592-3

Die Fotos sind mit freundlicher Genehmigung folgender Personen bzw. Organisationen abgedruckt:

Archivio Fotografico del Musea di Roma (82 oben)
Britisches Museum (16 unten, 38 oben, 40, 48, 67, 77 links)
Cabinetto Fotografico Nationale (109)
Camera Press (3, 10, 16 oben, 22)
David Harris (14, 15)
Sonia Halliday Photographs (F.H.C. Birch: 9, 30, 33, 41, 52, 71 rechts, 77, 80 links, 82 unten; Pru Grice: 29; Sonia Halliday: 1, 5, 7 rechts, 18, 20, 28, 35, 37, 38 unten, 45, 47, 50, 57, 65, 69, 71 links, 80 rechts, 81, 95, 102, 106, 107, 112, 116, 118, 122; Jane Taylor: 6, 12, 13, 27, 32, 60)
Lion Publishing, David Alexander (21)
Mansell Collection (4, 8, 31, 39, 44, 49, 51, 54, 56, 61, 66, 72, 74, 75, 78 links, 89, 91, 96, 100, 101, 108, 113 unten, 121, 123, 124, 125, 126, 128)
W. Metz (7 links unten, 25)
Ann und Bury Peerless (26)
Ronald Sheridan (42, 78 rechts, 97, 99, 113 oben)
Stephen Travis (7 oben, 17)

Inhalt

ROM: LEBEN UND RELIGION   97

Vorwort

Im ersten Jahrhundert nach Christus trafen höchst unterschiedliche Welten zusammen. Das römische Reich befand sich auf der Höhe seiner Macht. Seine Legionen eroberten mit Waffen und Ideen neue Länder. Sie nahmen Religionen und Bräuche mit und hinterließen Straßen und Städte. Die Grundlagen der modernen Welt wurden gelegt.

In einem entlegenen Winkel des Reiches wurden zur gleichen Zeit Grundlagen anderer Art gelegt. Unbemerkt – abgesehen von einer Handvoll wutentbrannter Gegner und einem bunten Haufen von Anhängern – hatte eine neue religiöse Bewegung begonnen. Ein Jahrhundert später hatte sie sich schon über ganz Südeuropa und bis nach Afrika und Asien verbreitet. Dreihundert Jahre später sollte sie zur Reichsreligion werden.

Über alles Erwarten hatte das Christentum genau das vollbracht, was seine früheren Gegner ihm als Ziel unterstellt hatten: Es hatte die Welt auf den Kopf gestellt. Im Laufe der Zeit war es zu einem wirksameren und dauerhafteren Moment des Wandels geworden als das Weltreich selbst, in dem es entstanden war.

In seinen Anfängen war das Christentum eng mit den politischen Ereignissen der Zeit verzahnt. In der Weihnachtsgeschichte gibt es »keinen Raum in der Herberge«, weil der Kaiser eine Volkszählung angeordnet hatte, die die Rückkehr der Familien in die Heimatstadt ihrer Vorfahren erforderte. Etwa dreißig Jahre später wurde Jesus als angeblicher Führer einer Erhebung gegen die Besatzungsmacht nach römischem Recht gekreuzigt. Und der erste große christliche Missionar, Paulus von Tarsus, setzte geschickt seine Kenntnis zeitgenössischer Literatur und seine römische Staatsbürgerschaft zur Verkündigung seiner Botschaft ein.

Die Politik der Römer war nicht der einzige Faktor, der den Glauben in seinen Anfängen beeinflußte. Ebenso entscheidend war die griechische Kultur – der Hellenismus. Hellenistisches Griechisch (»Koine«) wurde in der ganzen antiken Welt als Sprache für Handel, Verkehr und Kultur benutzt. Die neuen Städte mit Theater und Forum, Prachtstraßen, Tempeln und Verwaltungsgebäuden waren oft der Mittelpunkt einer ganzen Region und daher ein natürlicher Ausgangspunkt für die Mission. Wohl sprachen Jesus und seine Jünger aramäisch; doch das Neue Testament, an die gesamte damals bekannte Welt gerichtet, wurde folglich in griechischer Sprache geschrieben. Und inhaltlich hatte es die griechischen Kategorien in Betracht zu ziehen, in denen seine Leser zu denken gewohnt waren.

Als dann später die griechische Philosophie in die Lehre der Kirche integriert wurde, gefährdete sie den Kern des christlichen Glaubens. Aber sie enthielt auch die Elemente, die die Kirche dazu brachten, ihre eigenen Lehren genauer zu definieren.

Das Christentum kann also ohne Berücksichtigung seines geschichtlichen und kulturellen Hintergrundes nicht ganz verstanden werden. Die Absicht dieses Buches ist es, eben diesen Hintergrund zu skizzieren. Das Neue Testament wird nur da direkt angeführt, wo der Zusammenhang es erfordert. Zweck des Buches ist nicht, die Geschichte von Jesus, Paulus und ihren Genossen auf ihrem kulturellen Hintergrund noch einmal zu erzählen. Vielmehr beschäftigt es sich mit der Welt der Eroberer und Priester, der Architekten und Gelehrten, der Kriegsleute und Händler, in die Jesus und die Kirche hineinkamen und die sie stellenweise veränderten.

Dieses Buch will in die Welt des 1. Jahrhunderts n. Chr. einführen und so dann auch das Neue Testament erhellen. Es soll deutlich werden, wie entscheidend die Würdigung der Umwelt für unser Verständnis des Neuen Testaments ist. Die Ereignisse, die es berichtet, haben in der Realität stattgefunden, zu einem bestimmten Zeitpunkt in der Geschichte und an Schauplätzen, die noch heute besichtigt, photographiert und untersucht werden können.

DIE UMWELT DES JUDENTUMS

Palästina, die Heimat der Juden im Altertum, war ein kleines Land. Seine Ausdehnung erreichte nur 240 Kilometer von Dan im Norden bis nach Beerseba im Süden, und weniger als 80 Kilometer von Jaffa im Westen bis nach Jericho im Osten. Mit seiner Fläche von ca. 250 000 km² ist es etwas kleiner als Belgien.

Doch es war in seiner Eigenschaft als Landbrücke für den Verkehr zwischen Ägypten und Mesopotamien für die Großmächte von lebenswichtigem Interesse. Die Ebene von Megiddo war der Ort zahlloser Schlachten um die Kontrolle der Handelsstraße, die hier verläuft. Zwischen dem Tod Alexanders des Großen 323 und der Schlacht bei Ipsos 301 v. Chr. wurde Palästina sieben Mal von ägyptischen und syrischen Armeen durchzogen oder besetzt.

ILLYRIEN

MAZEDONIEN

KLEINASIEN

MESOPOTAMIEN

SYRIEN

Mittelländisches Meer

JUDÄA

AFRIKA ÄGYPTEN

Ausschnitt der Hauptkarte
als rote Fläche

Sidon

ITURÄA ABILENE

• Damaskus

• Tyrus

Hermon

• Cäsarea Philippi

SYRO-PHÖNIZIEN

TRACHONITIS

GALILÄA GAULANITIS

Kapernaum • Bethsaida

• Raphana

Magdala • *See Genezareth*

Jotapata • Tiberias • • Hippos

• Kana

• Abila

• Nazareth • Gadara

DEKAPOLIS

• Cäsarea Skythopolis • • Pella

Ebene von Saron

SAMARIA

• Gerasa

Sebaste • *Jabbok*

• Sichem

△ *Garizim*

Jordan

• Joppe

PERÄA

• Philadelphia

• Jamnia

• Jericho

Emmaus • Jerusalem • • Bethanien

Bettar • Qumran •

Askalon • *Judäisches Gebirge* • Bethlehem

• Herodium

• Machärus

• Gaza JUDÄA • Hebron

Judäische Wüste Totes Meer

Masada • *Arnon*

Beer-Seba •

IDUMÄA

NABATÄERREICH

Palästina z. Zt. des Neuen Testaments

Die Juden
unter römischer Herrschaft

Der Makkabäeraufstand

Antiochus: 175–164 v.Chr.

Die Eroberungen Alexanders des Großen führten dazu, daß griechische Kultur und Sprache sich in weiten Gebieten ausbreiteten. Ptolemäus und Seleukos, die Nachfolger Alexanders in Ägypten und Syrien, suchten ihre Gebiete mit einer Politik zu einen, die griechische und lokale Elemente verband.

Der Seleukidenherrscher Antiochus IV. Epiphanes provozierte durch die Radikalität, mit der er die griechische Kultur durchzusetzen versuchte – ein Vorgang, den man Hellenisierung nennt – einen Aufstand der Juden. Er gewann allerdings die Unterstützung der jüdischen Oberschicht, die gern als »griechisch«-kultiviert gelten wollte. Der Bruder des Hohenpriesters änderte seinen Namen von Jesus in das griechische Jason und bestach Antiochus, um Hohepriester zu werden. Er schockierte andere Juden, indem er ein Gymnasium bauen ließ, wo in Sichtweite des Tempels nackt Wettkämpfe ausgetragen wurden.

Antiochus verbot die Einhaltung der Sabbatgesetze und die Beschneidung und zwang die Juden, Speisen zu essen, die ihnen als unrein galten. Als eine Mutter und ihre sieben Söhne sich weigerten, sich durch den Genuß von Schweinefleisch zu verunreinigen, starben sie den Märtyrertod. Mit der syrischen Göttin verbundene rituelle Prostitution wurde im Tempelbezirk

Noch heute feiern die Juden jedes Jahr im Kreise der Familie das Lichterfest. Achtarmige Leuchter werden angezündet, denn die Überlieferung besagt, daß nach der Wiedereinweihung des Tempels 165 v. Chr. die Tagesration an Öl für den siebenarmigen Leuchter für acht Tage gereicht habe.

praktiziert. Als im Dezember 167 v. Chr. ein Schwein auf einem Zeusaltar geopfert wurde, hielt man das für den von Daniel prophezeiten »Greuel der Verwüstung«.

Daniel 11,31

Ein Priester namens Mattathias führte die jüdische Opposition an. Sein ältester Sohn war Judas, genannt Makkabäus – »der Hammer«. Der Makkabäeraufstand endete erfolgreich mit der Wiedereinnahme des Tempels. In Erinnerung an dieses Ereignis feiern die Juden noch heute Hannuka, das »Lichterfest«.

Nachdem Judas im Jahre 161 v. Chr. umgebracht worden war, übernahm sein Bruder Jonathan die politische Führung. 153 wurde er auch zum Hohenpriester ernannt, dem ersten in der Reihe der Hasmonäer – so benannt nach Simon, dem letzten überlebenden Bruder des Judas –, die dieses Amt bis 36 v. Chr. innehatten. Viele fromme Juden waren von dieser Konzentration der politischen und religiösen Führung in einer Familie nicht sehr erbaut.

Johannes Hyrkanus, ein Neffe von Judas und Jonathan, errang 129 v. Chr. die politische Unabhängigkeit. Sie dauerte nur bis 63 v. Chr., als Rom Palästina annektierte.

Die Eroberung durch die Römer

Im Jahre 66 v. Chr. wurde Pompejus unbeschränkte Macht übertragen, um das Mittelmeer von Piraten zu befreien. In nur drei Monaten erledigte er diese Aufgabe gründlich. Sozusagen nebenbei marschierte er danach in Palästina ein, wo zwei Brüder sich um das Amt des Hohenpriesters stritten. Gegen den ehrgeizigen Aristobul ergriff er Partei für Hyrkanus, den älteren Bruder. 63 v. Chr. eroberte er Jerusalem. Dabei besaß er die Frechheit, das Allerheiligste im Tempel zu betreten, das selbst der Hohepriester nur einmal im Jahr betreten durfte. Daß er die Tempelschätze nicht antastete, konnte die Entrüstung der Juden nicht mindern.

Pompejus organisierte ferner die Provinz Decapolis, einen Zusammenschluß von zehn griechischen Kolonialstädten, dem er noch Skythopolis (Beth-Schean) südlich des Sees Genezareth und neun andere Städte in Syrien und östlich des Jordan zuordnete, darunter Damaskus, Philadelphia, Pella, Gerasa und Gadara.

Pompejus, der römische General, der der Unabhängigkeit Palästinas ein Ende setzte

Die Herodianer

Der Stamm der Idumäer war von den nabatäischen Arabern nach Westen, in den Süden Judäas, verdrängt worden. Dort hatten die Hasmonäer sie gezwungen, zum Judentum überzutreten. Sie waren also erst seit kurzer Zeit Juden und daher vielen verdächtig. Zudem waren sie verschlagen und paktierten skrupellos mit den Römern, wenn es ihnen vorteilhaft erschien.

Ihr Haupt war seit etwa 47 v. Chr. Antipater. Als Berater diente er auch dem Hyrkanus, und er gewann das Vertrauen des Pompejus. Als Cäsar im Jahre 48 v. Chr. in Alexandria belagert wurde, war es Antipater, der die Juden überredete, Cäsar zu unterstützen. Aus Dankbarkeit räumte dieser den Juden wichtige Privilegien ein.

Herodes der Große, Antipaters Sohn, war ein Opportunist

ersten Ranges. In den wirren Jahren des römischen Bürgerkrieges verbündete er sich geschickt nacheinander mit Pompejus dann Cäsar, später Antonius und schließlich Oktavian (Augustus). Wegen seiner militärischen Fähigkeiten schätzten die Römer seine Dienste. Er schirmte das Reich gegen die Nabatäer im Süden und die Parther im Osten ab.

Im Jahre 40 v. Chr. wurde Herodes von den Römern zum König über Judäa ernannt und von ihren Truppen in seinem Kampf um die Herrschaft über Palästina im Jahre 37 unterstützt. Fortan stützte er sich auf heidnische Soldaten. Er wandelte die alte Stadt Samaria für seine ausländischen Söldner in Sebaste um. Und er ließ Palästinas ersten Tiefwasserhafen in Cäsarea bauen.

Zwar war Herodes als Politiker erfolgreich, sein Privatleben

Durch den Tiefwasserhafen, den Herodes hier bauen ließ, wurde Cäsarea zu einem bedeutenden Handelszentrum. Zwei große Wellenbrecher schützten einst ein Gelände von 135 000 m².

aber verlief äußerst unglücklich. Er heiratete zehn Frauen, darunter die bildschöne hasmonäische Prinzessin Mariamne. Obwohl er sie leidenschaftlich liebte, ließ er sie hinrichten, weil er sie der Untreue verdächtigte. Später ließ er ihre beiden Söhne hinrichten. Als er entdeckte, daß sein Lieblingssohn Antipater sich gegen ihn verschworen hatte, ließ er auch ihn hinrichten. Dieser paranoide Monarch war es auch, der das Massaker an den Kindern von Bethlehem anordnete.

Matthäus 2,13–18

Unsere Zeitrechnung wurde im 6. Jahrhundert von einem Mönch entwickelt, der sich jedoch bei der Berechnung der Regierungszeit des Kaisers Augustus um vier Jahre irrte. Jesus muß vor dem Tod des Herodes im Jahre 4 v. Chr. geboren sein. Dieses Datum ist aufgrund astronomischer Berechnungen gesichert.

Das Königreich des Herodes wurde unter seine drei Söhne aufgeteilt: Archelaus erbte Judäa, Antipas Galiläa und Peräa und Philippus weitgehend heidnische Gebiete östlich des Sees Genezareth.

4 v.Chr.–34 n.Chr.
Markus 9,2–8

Philippus' Herrschaft war gerecht und verlief relativ ereignislos. In seinem Gebiet, an den Hängen des Hermon, wurde Jesus verklärt. In Cäsarea Philippi am Fuß des Hermon bekannte Petrus Jesus als den Christus.

Markus 8,29

Antipas wurde wegen seiner Schläue von Jesus als »Fuchs« bezeichnet. Johannes der Täufer klagte ihn an wegen seiner ehebrecherischen Beziehung zu Herodias, der ehemaligen Frau seines Halbbruders. Nach einem verführerischen Tanz ihrer Tochter, wahrscheinlich Salome, versprach Antipas unbesonnen, dieser jeden Wunsch zu erfüllen. Widerstrebend erfüllte er dann ihre Bitte, der Herodias den Kopf Johannes' des Täufers auf einer Schale zu präsentieren. Ihr andauerndes Drängen wurde Antipas zum Verhängnis. Als er Rom ersuchte, ihn vom Tetrarchen zum König zu befördern, wurde er stattdessen im Jahre 39 n. Chr. mit seiner Frau verbannt.

Markus 6,29

Archelaus war aus dem gleichen Holz geschnitzt wie sein Vater. Seine erste Regierungsmaßnahme war die Ermordung von 3000 Gegnern. Als Maria und Joseph aus Ägypten zurückkehrten, mieden sie wohlweislich sein Gebiet und ließen sich in Galiläa nieder. Die Herrschaft des Archelaus war so drückend, daß Juden und Samariter im Jahre 6 n. Chr. erfolgreich seine

Die Teilung des herodianischen Reiches

Herodeion, eine Festung, die Herodes auf einem Hügel 12 km südlich von Jerusalem errichten ließ, aus der Vogelperspektive

Apostelgeschichte 12,1

Apostelgeschichte 12,21–23

Apostelgeschichte 24

Absetzung forderten. Dies ebnete den Weg zur Herrschaft der römischen Landpfleger.

Ein weiterer wichtiger Herrscher, Agrippa I., ein Enkel Herodes des Großen, wurde im Umkreis der kaiserlichen Familie in Rom erzogen. Aufgrund seiner Freundschaft mit Kaiser Caligula wurden ihm zunächst die Gebiete des Philippus übertragen, 39 n. Chr. dann auch Galiläa und Peräa. Nach der Ermordung Caligulas im Jahre 41 unterstützte Agrippa den Claudius bei der Wahl zum Kaiser. Als Gegenleistung wurde er zum König von Judäa und Samaria gemacht. Um sich die Beliebtheit bei seinen Untertanen zu erhalten, verfolgte er die Christen und ließ Jakobus, den Sohn des Zebedäus, einen der zwölf Apostel, töten. Eine tödliche Krankheit streckte ihn im Theater von Cäsarea nieder.

Sein Sohn Agrippa II. trug zwar den Titel eines Königs, doch die Macht lag in Wirklichkeit wiederum beim römischen Landpfleger. Mit seiner Schwester Drusilla, die mit dem Landpfleger verheiratet war, hörte er die großartige Verteidigungsrede des Apostels Paulus. Da er seinen Thron den Römern verdankte, bekämpfte er den jüdischen Aufstand von 66 n. Chr. Berenice, eine weitere Schwester, wurde die Geliebte des Titus, des Generals, der im Jahre 70 n. Chr. Jerusalem einnahm.

Herodes als Bauherr

Neuere Ausgrabungen haben gezeigt, daß Herodes ein eifriger Bauherr war. Nach Mk. 13 bewunderten Jesu Jünger seinen Tempelneubau in Jerusalem, der im Jahre 19 v. Chr. begonnen worden war. Erst sechs Jahre vor seiner Zerstörung durch die Römer im Jahre 70 n. Chr. wurde der Tempelbau vollendet. Bis heute hat nur sein mächtiges Fundament überdauert, dessen Westseite die Klagemauer bildet, an der die Juden noch heute die Zerstörung des Tempels beklagen. Auch von den Festungen Masada an der Westseite des Toten Meeres und Machaerus an dessen Ostseite sind imposante Ruinen freigelegt worden. Machaerus war die Festung, in der Johannes der Täufer gefangen gehalten wurde. Andere großartige Gebäude aus der Zeit des Herodes fand man in Jericho, wo er starb, und auf dem Herodeion, wo er begraben wurde.

Die römische Besatzung

Die Römer erlegten den Juden hohe Steuern auf. Dieses Relief aus dem 4. Jh. n. Chr. zeigt Bauern bei der Entrichtung ihrer Abgaben.

Mit Ausnahme der kurzen Herrschaft Agrippas I. (41–44 n. Chr.) herrschten in Judäa von 6. v. Chr. bis zum Ausbruch des ersten jüdischen Krieges 66 n. Chr. vierzehn römische Landpfleger.

Der Landpfleger (oder Prokurator) über Judäa kam aus dem römischen Ritterstand; er war dem Legaten von Syrien mit Sitz in Damaskus unterstellt. Judäa galt als kleine Provinz, und dem Landpfleger stand daher nur eine kleine Truppe von etwa 3000 Mann zur Verfügung, die großenteils in Cäsarea stationiert waren. An hohen jüdischen Festen, z.B. dem Passa, dürften etwa 500 Soldaten nach Jerusalem in die Burg Antonia neben dem Tempelbezirk verlegt worden sein.

Pontius Pilatus regierte von 26 bis 36 n. Chr. Er war ein Günstling des mächtigen Führers der Prätorianergarde in Rom, Sejanus. Mehrmals beleidigte Pilatus die Juden durch ungeschicktes Verhalten. So baute er aus Tempelsteuergeldern einen Aquädukt und verletzte jüdische Traditionen, als er militärische Standarten mit dem Bild des Kaisers durch die Straßen Jerusalems tragen ließ. Er unterdrückte jegliche Opposition mit skrupelloser Härte. Anderseits beugte er sich jüdischem Druck,

Matthäus 27,15–26 als er Jesus als politischen Aufrührer kreuzigen ließ. Dies ereignete sich 30 oder, wie einige Historiker argumentieren, erst 33 n. Chr., als Pilatus' Position nach dem Sturz des Sejanus unsicher geworden war.

Der Landpfleger von 52–60 n. Chr. war, wie schon sein Name Felix (»der Glückliche«) andeutet, ein ehemaliger Sklave. Der Historiker Tacitus schreibt über ihn: »Mit jeder nur erdenklichen Grausamkeit und Lust führte er königliche Aufgaben im Geiste eines Sklaven aus.« In der Hoffnung auf Beste-

Apostelgeschichte 24,26 chungsgelder hielt er den Apostel Paulus lange in Cäsarea gefangen.

Als Festus (60–62) die Nachfolge von Felix antrat, machte Paulus von seinem Recht als römischer Bürger Gebrauch, sich direkt an den Kaiser (Nero) zu wenden.

Die römische Besatzung in jüdischer Sicht

Die Juden empfanden die Verletzung ihres Nationalstolzes am schlimmsten. Sie glaubten an ihre Erwählung als Volk Gottes und erwarteten den Tag, an dem die Völker der Welt nach Jerusalem kommen und ihren Gott anbeten würden. Stattdessen entweihten die Römer und ihre Marionettenkönige ihre heiligen Stätten und verhöhnten ihre Gesetze und Bräuche.

Herodes der Große baute dem Augustus in Cäsarea einen Tempel. Darin standen Statuen, die Augustus als Zeus und Rom als Hera verkörperten – für die Juden eindeutig Götzenverehrung. In Cäsarea und Jerusalem baute Herodes Theater und Arenen. Hier wurden alle vier Jahre Spiele zu Ehren von Augustus abgehalten. Die nackten Kämpfer und die kultischen Riten erregten großen Anstoß bei frommen Juden. Am schlimmsten aber war der goldene Adler, das Symbol römischer Herrschaft, den Herodes über dem großen Tor des Jerusalemer Tempels anbringen ließ.

Römische Soldaten waren in Judäa stationiert, um die Parther nordöstlich von Syrien unter Kontrolle zu halten. Daneben hatten die Soldaten für Ruhe in Judäa zu sorgen, Aufstände zu verhindern und die Sicherheit der Handelsrouten zu gewährleisten.

Das Hauptquartier befand sich in Cäsarea, doch eine Abteilung lag auch in Jerusalem. Soldaten taten Dienst im Außenbezirk des Tempels, und sie erhielten zur Zeit des Passa Verstärkung, wenn Pilger in die Stadt strömten.

Die Juden konnten sich nicht darüber hinwegtäuschen, wer ihr Land beherrschte. Soldaten gehörten zum Straßenbild. Sie selbst waren allerdings vom Militärdienst freigestellt, weil ihr Gesetz ihnen das Waffentragen am Sabbat verbot und Soldaten an heidnischen Riten teilzunehmen hatten.

Zu den verhaßtesten Aspekten der römischen Herrschaft gehörten die schweren Steuern. Die Provinzen mußten den größten Teil der Kosten für die Verwaltung des Reiches tragen. In der Provinz Syrien betrug die Einkommensteuer zwar nur ein Prozent, aber es gab zahlreiche Sondersteuern, z.B. 10 % der Getreideernte oder 5 % der Wein-, Obst- und Olivenernte und viele andere.

Ein römischer Beamter, der Zensor, war für die Eintreibung der Steuern verantwortlich, verkaufte dieses Recht jedoch meistbietend. Die Steuereintreiber verlangten nun mehr Geld, als eigentlich zu zahlen war, und steckten die Differenz in die eigene Tasche. Wahrscheinlich nahmen sie Bestechungsgelder von den Reichen, so daß am Ende die Armen für die römische Besetzung zahlten.

Die Unterdrückung löste häufig jüdische Aufstände aus. Während der Amtszeit des Prokurators Ventidius Cumanus (48–52 n.Chr.) warf ein Soldat eine Gesetzesrolle ins Feuer. Die Juden waren so aufgebracht, daß Cumanus den Soldaten hinrichten lassen mußte. Unter Judas Galiläus rebellierten die Juden gegen die maßlosen Steuern, aber der Aufstand wurde brutal niedergeschlagen, und alle Aufständischen wurden hingerichtet (vgl. Apostelgesch. 5,37). Gruppen wie die Zeloten rebellierten offen, weil sie nach Freiheit vom römischen Joch strebten, während die Essener sich in ihrer autarken Gemeinschaft von der Gesellschaft absonderten.

Die Besatzung brachte aber auch Vorteile. Die Römer sorgten für Ruhe und bauten ein Straßennetz, das dem Handel zugute kam. Sie respektierten oft einheimische Bräuche, gewährten das Recht zur Ausübung der eigenen Religion und ein gewisses Maß an Selbstverwaltung. Der Sanhedrin – der jüdische Rat der 70 Ältesten und der Hohenpriester – entschied in religiösen Angelegenheiten und nahm unter der Aufsicht des Prokurators bestimmte juristische und administrative Aufgaben wahr. Er hatte aber offenbar kein Recht, die Todesstrafe zu verhängen. Deshalb mußte Jesus von Pilatus zum Tod verurteilt werden.

Soldaten tragen den Siebenarmigen Leuchter aus dem Tempel im Triumphzug des Titus.

Widerstand gegen eine herrschende Macht nimmt oft die Form des Guerillakrieges an. Die Zeloten benutzten ähnliche Mittel in ihrem Kampf um die nationale Unabhängigkeit der Juden.

Die Zeloten

In der Weihnachtsgeschichte wird eine Volkszählung erwähnt, die Augustus durch seinen Legaten Quirinius anordnete. Dadurch sollte das Steueraufkommen geschätzt werden. Augustus ordnete ähnliche Steuerschätzungen regelmäßig in Ägypten an.

6 n. Chr. befahl Quirinius für Judäa eine weitere Zählung. Damit provozierte er einen von Judas dem Galiläer angeführten Aufstand, der fehlschlug, der aber den Anfang der Widerstandsbewegung national gesinnter Juden markierte, die man später Zeloten nannte. Diese Gruppe weigerte sich, den Römern Steuern zu zahlen, und war bereit, jüdische Kollaborateure ebenso wie Römer zu töten.

Einer der Jünger Jesu, Simon, war ein ehemaliger Zelot, und Jesus selbst wurde später wegen angeblicher politischer Agitation gekreuzigt. Daher nehmen manche an, Jesus habe den Zeloten nahegestanden. Sie lassen allerdings außer acht, daß Matthäus, ein anderer Jünger, Steuereintreiber gewesen war. Ganz unzelotisch waren auch die Worte Jesu, als man ihm eine Münze mit dem Bildnis des Kaisers vorhielt: »Gebt dem Kaiser, was des Kaisers ist.«

Matthäus 22,15–22

Die Söhne Judas' des Galiläers zettelten einen neuen Aufstand an und wurden gekreuzigt. Während der Amtszeit des Felix als Landpfleger scharte ein falscher Prophet aus Ägypten auf dem Ölberg mehrere tausend Anhänger um sich. Der römische Offizier, der Paulus aus einem Aufruhr im Tempelbezirk rettete, verwechselte ihn mit diesem Ägypter.

46–48 n.Chr.

44-46 n.Chr.

Apostelgeschichte 21,38

Ebenfalls unter Felix traten erstmals radikale Zeloten – wegen der verborgenen Dolche (lat. Sicarii), die sie bei Attentaten verwendeten, Sikarier genannt – in Erscheinung und verübten einen Anschlag auf den Hohenpriester. Das Anwachsen der zelotischen Nationalbewegung und auf der anderen Seite die immer kompromißlosere Politik der Landpfleger Albinus (62–64) und Florus (64–66) führten im Jahre 66 n. Chr. zum ersten jüdischen Aufstand.

Revolution

Josephus: 37 –
ca. 100 n.Chr.

Unser Wissen über die Geschichte der Juden im 1. Jh. n. Chr. stützt sich hauptsächlich auf den Historiker Josephus, einen Priester aus der Dynastie der Hasmonäer. *Die jüdischen Altertümer,* erstmals 94 veröffentlicht, erzählt die Geschichte der Juden von der Zeit des Alten Testaments bis in seine Zeit. In *Contra Apion* verteidigt er das Judentum gegen die Angriffe eines antisemitischen Intellektuellen aus Alexandria. Seine *Autobiographie* sowie der unschätzbar wertvolle *Jüdische Krieg* sind zweifellos subjektiv gefärbt, da Josephus beide Werke schrieb, um sein eigenes Verhalten zu rechtfertigen. Er führte ursprünglich die jüdischen Streitkräfte in Galiläa an, unterwarf sich 67 aber unter mysteriösen Umständen den Römern.

Nicht nur wegen der Übermacht der römischen Legionen, sondern auch wegen der erbitterten Rivalität zwischen verschiedenen zelotischen Fraktionen, war der jüdische Aufstand zum Scheitern verurteilt. Die Christen flohen aus Jerusalem nach Pella, einer Ortschaft südlich des Sees Genezareth und östlich des Jordan. Als sich die Nachricht von dem Aufstand verbreitete, kam es auch in Syrien und Ägypten zu Kämpfen zwischen Juden und Heiden. Zehntausende von Juden wurden abgeschlachtet.

In Palästina selbst waren die Juden zunächst überraschend erfolgreich. Sie vernichteten die 12. Legion auf ihrem Anmarsch von Syrien bei Beth-Horon. Alarmiert von dieser Nachricht entsandte Nero Vespasian, seinen besten General. Seiner 5. und 10. Legion aus Britannien schloß sich sein Sohn Titus mit der 15. Legion aus Ägypten an. Diese vereinigte Streitmacht vermochte Galiläa zu unterwerfen.

Nach der Ermordung Neros im Juni 68 herrschte während der Herrschaft dreier Kaiser innerhalb eines Jahres Chaos. Ein Jahr später wurde Vespasian von seinen Truppen zum Kaiser ausgerufen. Er verließ Palästina und übertrug Titus den Oberbefehl. Nach fünfmonatiger Belagerung wurden 70 n. Chr. die Mauern Jerusalems gestürmt und der Tempel zerstört. Er sollte nie wieder aufgebaut werden. Zwischen 1968 und 1976 brachten Ausgrabungen die großartigen Architekturfragmente zum Vorschein, die beim Angriff auf den Tempel von der Zinne der Tempelmauer herabgeworfen wurden.

Josephus berichtet, daß etwa eine Million Juden getötet und 100 000 gefangengenommen wurden. Die Römer feierten ihren Sieg mit einer Münzenprägung, auf der eine weinende Frau unter einer Palme abgebildet war. Sie sollte Judäa symbolisieren. Die 10. Legion wurde auf Dauer in Jerusalem stationiert.

Im ganzen Reich wurden die Juden gezwungen, ihre frühere Tempelsteuer jetzt als »Jüdische Steuer« für den Jupitertempel nach Rom zu zahlen. Kaiser Domitian ließ zum Beispiel einmal einen neunzigjährigen Mann öffentlich entkleiden, um festzustellen, ob er ein beschnittener Jude und damit steuerpflichtig sei.

Masada

Die Festung Masada liegt auf einem Felsplateau 434 m über dem Westufer des Toten Meeres. Nach der Überlieferung befestigte als erster Jonathan, der Bruder des Judas Makkabäus, während der Kämpfe gegen die Seleukiden diese Erhebung. Herodes der Große wählte sie sich als Zufluchtsort. Rings um das Plateau zog sich eine Mauer mit 30 Türmen und vier Toren.

Zwei Aquädukte und eine große Anzahl Zisternen wurden gebaut, um die Wasserversorgung dauerhaft sicherzustellen. Darüber hinaus versorgten sie Springbrunnen, mehrere Bäder und sogar Gärten.

Bei Ausgrabungen fand man vier große Gebäudegruppen. Manche waren wahrscheinlich der Sitz hoher Beamter, Verwaltungszentralen, Bäder, Lagerräume, Werkstätten und Unterkünfte. Besonders prächtig war der auf drei Ebenen angelegte Palast an der Nordecke des Felsens. Er diente der Unterhaltung und Entspannung. Eine Treppe verband die drei Terrassen miteinander. Die Dächer der Bauten ruhten auf Säulenreihen, die Wände waren mit Fresken oder geometrischen Formen und Blumenmustern verziert und die Fußböden oft mit Mosaiken ausgelegt.

Nach dem Tod Herodes' des Großen wurde eine römische Garnison auf Masada stationiert. Zu Beginn des jüdischen Aufstandes 66 n.Chr. wurde die Festung von den Zeloten eingenommen. Sie machten die Palastgebäude zu Unterkünften und Befehlsständen. Nutzlose ornamentale Bauelemente wurden abgerissen und als Baumaterial für weitere Gebäude verwendet. In große Räume wurden Zwischenwände eingezogen, um Wohneinheiten für mehrere Familien zu schaffen. Sogar die Räume in den Mauern wurden als Wohnraum genutzt. In den meisten wurden Reste von Öfen gefunden.

Manche Zeloten stammten aus wohlhabenden Gesellschaftsschichten. In einem Gebäude entdeckte man Überreste von Alabaster- und Goldgefäßen sowie Geldschätze. Die Zeloten bauten Bäder für rituelle Waschungen sowie eine nach Jerusalem ausgerichtete Synagoge, ein rechteckiges Gebäude mit vier Sitzreihen entlang den Wänden.

Als der Aufstand seinem Ende zuging, brachten sich viele Familien nach Masada in Sicherheit. Hütten aus Lehm und kleinen Steinen wurden gebaut, zumeist an bereits bestehende Gebäude angelehnt. Nach dem Fall Jerusalems 70 n.Chr. blieb den Aufständischen Masada als letzte Zuflucht. Aber 72 n.Chr. rückte die 10. Legion mit Tausenden von Hilfstruppen an.

Acht Lager wurden aufgeschlagen und eine 4,5 km lange Belagerungsmauer rund um Masada gebaut, um die Aufständischen am Entkommen zu hindern. Eine gewaltige Angriffsrampe wurde mit Erde aufgeschüttet, und im Jahre 73 n.Chr. schließlich stürmten die Römer die Mauern. Statt sich zu ergeben, trugen die Zeloten jedoch ihren Besitz zusammen und verbrannten ihn. Dann wählten sie zehn Männer, die alle 960 Verteidiger töteten. Nur zwei Frauen und fünf Kinder überlebten in einer Höhle.

Oben rechts: Der in drei Terrassen angelegte Sommerpalast des Herodes auf Masada aus der Vogelperspektive.

Jerusalem •

En-Gedi • Totes Meer

Masada •

Der Fall Jerusalems

Zwischen 115 und 117 n. Chr. gab es in Cyrenaica (in Libyen), Ägypten und auf Zypern größere jüdische Erhebungen während der Regierungszeit Trajans. Auf Zypern sollen die Juden 240 000 Heiden getötet haben. Daraufhin wurden sie von der Insel verbannt.

Während der Regierung Kaiser Hadrians führte Bar Kochba den letzten großen Aufstand. Von diesem Krieg sind uns leider keine Augenzeugenberichte überliefert. Der Schriftsteller Dio Cassius berichtet, Hadrian, ein Liebhaber griechischer Kultur, habe Jerusalem zu einer hellenistischen Stadt machen wollen und die Beschneidung verboten.

Trotz des Aufstandes und anhaltenden jüdischen Widerstandes wurde Jerusalem 134 von den Römern genommen, und 135 fiel Bettar, die letzte Festung, südwestlich von Jerusalem. Hadrian baute Jerusalem als heidnische Stadt mit dem Namen Aelia Capitolina wieder auf und verbot Juden wie Judenchristen, sie zu betreten.

361–363 n.Chr.

Als Juden später nach Jerusalem zurückkehren durften, taten sie es, um an der Klagemauer die Zerstörung des Tempels zu beklagen. Unterstützt von Kaiser Julian gab es einen Versuch, den Tempel wiederaufzubauen. Er wurde jedoch von einem Erdbeben oder einer Explosion vereitelt. Archäologen haben ein Zitat aus Jesaja 66,14 gefunden, das in dieser Zeit in die Mauer geritzt wurde: Es ist ein Zeichen der Hoffnung auf die Wiedererrichtung des Tempels.

Blick vom Ölberg auf Jerusalem. Die Szenerie wird vom Felsendom beherrscht, der Moschee, die an der Stelle errichtet wurde, wo der herodianische Tempel stand.

Der Bar-Kochba-Aufstand

Unter Bezugnahme auf die alttestamentliche Prophezeiung, daß ein »Stern aus Jakob« die Feinde Israels zerschmettern werde, erklärte der berühmte Rabbi Akiba den Messiasprätendenten Bar Kosiba zum Bar Kochba, »Sternensohn«. Der Aufstand des Bar Kochba griff so weit um sich, daß die Römer Truppen von den Grenzen Germaniens und der Donau abzogen und die 3. und 22. Legion zur Unterstützung der 6. und 10. Legion nach Palästina verlegten. Im Verlauf der Kämpfe wurde die 22. Legion aufgerieben. Kaiser Hadrian schickte seine besten Generäle zu Hilfe. Statt Bar Kochbas Truppen in offener Feldschlacht zu stellen, kreisten

Unter der Führung Yigael Yadins wurde 1960 und 1961 die »Höhle der Briefe« ausgegraben.

Unten: Den Haupteingang zu der Höhle erreichte man über Strickleitern, die von einem Mitglied des Ausgrabungsteams abgesichert wurden.

Unten rechts: Mitglieder des Ausgrabungsteams in Halle A, einer der drei Hallen in der Höhle.

Die Höhle der Briefe

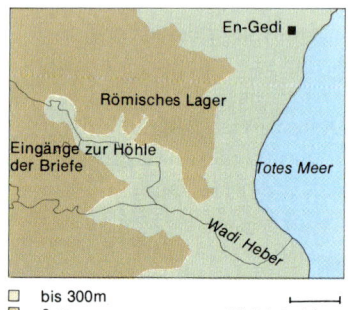

En-Gedi ■

Römisches Lager

Eingänge zur Höhle der Briefe

Totes Meer

Wadi Heber

☐ bis 300m
☐ 0 m

Maßstab: 1 km

die Römer kleinere aufständische Gruppen ein und schnitten sie vom Nachschub ab. Tausende verhungerten und verdursteten. Der Historiker Dio Cassius (3. Jh.) berichtet, daß die Römer 985 Siedlungen und 50 Festungen zerstörten.

Der Aufstand wurde mit solcher Brutalität niedergeschlagen, daß ganze Familien flohen und sich in Höhlen verbargen. Diese

Etwa 100 Meter unterhalb des römischen Lagers liegen die beiden Eingänge zur »Höhle der Briefe«. Genau genommen sind es drei durch natürliche Gänge verbundene Höhlen. Die Funde in ihnen geben ein Bild vom Leben während des Aufstandes.

Der erste klare Beweis dafür, daß die Höhle zur Zeit Bar Kochbas bewohnt war, war eine Münze an einem der Eingänge. Auf der einen Seite war »Simeon« eingeprägt – Bar Kochbas Vorname –, auf der anderen »der Freiheit Jerusalems«. Die Höhle muß der Zufluchtsort mehrerer

Tatsache war Hieronymus (345–419) bekannt und ist in jüngster Zeit von archäologischen Expeditionen bestätigt worden, die 1960/61 Höhlen in der judäischen Wüste erforschten. Sie fanden im Hügelland südlich von En-Gedi Überreste römischer Lager.Dort waren Soldaten postiert, um die Flucht aus den Höhlen zu verhindern.

Familien gewesen sein. Man fand ihre Knochen zu Haufen zusammengelegt, vermutlich von Verwandten gesammelt, die nach dem Abzug der Römer zur Höhle kamen.

Der spektakulärste Fund waren 15 Briefe von Bar Kochba selbst. Die meisten waren in der ersten Person abgefaßt, waren aber offensichtlich diktiert worden – in den drei in Judäa geläufigen Sprachen Aramäisch, Hebräisch und Griechisch. Ein Brief war auf eine Holztafel, die anderen alle auf Papyrus geschrieben.

Bis auf einen Brief waren alle

Familien, die während des Bar-Koch-ba-Aufstandes in die Höhlen flohen, nahmen ihre Wertgegenstände mit. Die wunderschöne Glasschüssel (unten) war zum Schutz in Palmblätter verpackt. Weitere Funde (rechts) waren unter anderem ein Weidenkorb, Flickwolle, ein Glasbehälter für Kosmetiköl, ein Halsband aus Halbedelsteinen sowie ein Spiegel in einem Holzrahmen. Die Schüssel und die Krüge (ganz unten rechts) stammen aus einer Sammlung von 19 römischen Bronzegegenständen, die in einem Korb entdeckt wurden (ganz unten links). Heidnische Zeichnungen von Gesichtern auf den Henkeln der Krüge waren entfernt worden, um Juden ihren Besitz zu ermöglichen.

an Bar Kochbas Truppenführer in der Gegend von En-Gedi gerichtet. Ihnen wurde befohlen, jeden, der ihnen nicht gehorchte, zu bestrafen. Er bat darum, ihm Verstärkung zu schicken und ihn mit Salz und Getreide zu versorgen.

Aber die Loyalität und Unter-stützung dieser Truppenführer scheint schwankend gewesen zu sein. Als sie einmal mit einer Schiffsladung in En-Gedi nicht weisungsgemäß verfuhren, schrieb er ihnen: »Ihr lebt bequem, eßt und trinkt, was dem Hause Israel gehört, und gedenkt nicht eurer Brüder.«

Hebräisch und Aramäisch

Zwischen der Abfassung des Alten und des Neuen Testaments wurde **Hebräisch** als Alltagssprache der Juden durch Aramäisch ersetzt. Doch benutzten die Rabbinen in ihren Lehrdisputen weiterhin das Hebräische, wie aus der *Mischna* ersichtlich ist. Die meisten Schriften der Essener, die man unter den Schriftrollen vom Toten Meer fand, waren in Hebräisch geschrieben. Redezitate im Neuen Testament sind oft Aramäisch, nicht Hebräisch.

Aramäisch ist eine semitische Sprache, die ursprünglich von den Aramäern in Syrien benutzt wurde. Sie fand im Vorderen Orient als internationale Sprache weite Verbreitung. Weil mit seinem Alphabet leichter umzugehen war als mit der schwerfälligen Keilschrift, die die Assyrer und Perser benutzten, übernahmen sie das Aramäische auf den Gebieten von Diplomatie und Handel.

Reichsaramäisch (700–200 v. Chr.) war ein recht einheitlicher Dialekt. Man fand ihn auf Inschriften in so entlegenen Gegenden wie Anatolien und Afghanistan. Einige Passagen der alttestamentlichen Bücher Esra und Daniel sind in diesem Dialekt geschrieben. Weitere Perioden und Dialekte sind:

Mittleres Arramäisch (200 v.Chr. – 200 n. Chr.) Nach der Eroberung des Vorderen Orients durch Alexander den Großen und damit der weiten Verbreitung des Griechischen, entwickelten sich verschiedene regionale Dialekte. Aus dieser Zeit stammt das Aramäisch des Neuen Testaments, der Schriftrollen vom Toten Meer, der Bar-Kochba-Texte, der Nabatäer und Palmyrer.

Spätes Aramäisch (200–700). Während dieser Zeit gab es einen westlichen Dialekt mit dem Samaritischen und dem Christlich-Palästinensischen, sowie einen östlichen mit dem Syrischen, dem Mandaischen und dem Aramäisch des babylonischen Talmud.

Als Jesus am Kreuz schrie: »Mein Gott, mein Gott, warum hast du mich verlassen?« *(Eloi, Eloi, lama sabachthani),* geschah dies in Aramäisch. Viele Worte im Neuen Testament sind Transkriptionen aus dem Aramäischen. Der Name des Petrus, Kephas, kommt von *kepha,* »Stein«, Thomas von *toma,* »Zwilling«; *Bar,* das aramäische Wort für »Sohn« erscheint in Namen wie Bartholomäus, Barrabas oder Bartimäus. Golgatha kommt von *golgolta,* »Schädel«; und Maranatha von *maran,* »unser Herr«, und *esta,* »komm«.

Neben einigen Schriftrollen vom Toten Meer und den Bar-Kochba-Texten ist nur ein längeres aramäisches Schriftstück aus dem Palästina der neutestamentlichen Zeit erhalten geblieben: *Megillat Takanit,* die »Fastenrolle«. Beinahe alle anderen erhaltenen Texte sind kurze Inschriften auf Sandsteinbehältern für die Bestattung von Totengebeinen (Ossuarien) aus der Zeit zwischen 100 v. und 70 n. Chr. Elf der 29 Ossuarien, die ein Archäologe auf dem Ölberg fand, trugen aramäische, sieben hebräische und elf griechische Inschriften.

Einige Zeit nach dem babylonischen Exil wurden für Juden, die besser Aramäisch als Hebräisch verstanden, aramäische Übersetzungen oder Zusammenfassungen der alttestamentlichen Bücher erstellt, sogenannte *Targume.* Wir haben *Targume* für alle Bücher außer Daniel, Esra und Nehemia. Die ältesten erhaltenen *Targume* kommen aus Qumran am Toten Meer. In einer Höhle fand sich ein ausführlicher *Targum* zu Teilen von Hiob, der um 120 v. Chr. datiert wird. Der wichtigste *Targum* zum Pentateuch, den Fünf Büchern Mose, wird *Onkelos* genannt. Er ist eine recht wörtliche Übersetzung aus dem Hebräischen und scheint in Palästina entstanden zu sein. Der bedeutendste Targum der Prophetenbücher heißt *Jonathan.* Er ist eine weniger genaue Übersetzung als *Onkelos.*

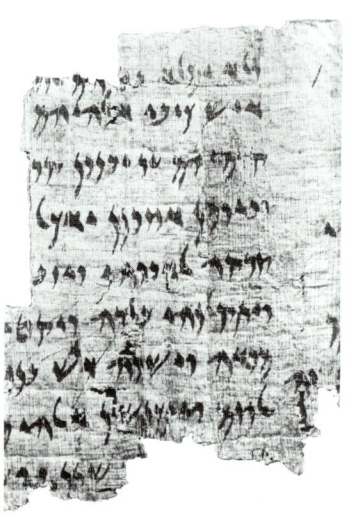

Ganz oben: Ein moderner hebräischer Schreiber
Unten: Fragment eines aramäischen Schriftstückes aus dem 5. Jh. v. Chr.

Jüdische Sekten

Die Samariter

Als die Assyrer 722 v. Chr. das Nordreich Israel eroberten, deportierten sie viele Einwohner. Aus Mesopotamien und Syrien wurden Fremde an ihrer Stelle angesiedelt. Diese Leute vermischten sich mit den übriggebliebenen Juden und bildeten das Mischvolk der Samariter. 445 v. Chr. wies Nehemia das Angebot der Samariter zur Hilfe beim Wiederaufbau der Mauern Jerusalems zurück. Er machte sich damit ihren Herrscher Sanballat zum Feind, bewältigte seine Aufgabe jedoch, indem er eine bewaffnete Truppe in Bereitschaft hielt.

Nehemia 4

Der Riß zwischen Juden und Samaritern vertiefte sich, als die Samariter auf dem Garizim einen eigenen Tempel bauten. Sie unterschieden sich von den Juden nicht nur dadurch, daß sie auf dem Garizim Gottesdienst hielten, sondern auch darin, daß sie nur die ersten fünf Bücher des Alten Testaments als Heilige Schrift anerkannten. 128 v. Chr. zerstörte der jüdische Führer Johannes Hyrkanus ihren Tempel.

Zur Zeit Jesu herrschte zwischen Samaritern und Juden erbitterte Feindschaft. Die Samariter überfielen zuweilen jüdische Pilger auf dem Weg durch ihr Gebiet. Ein »barmherziger Samariter« war also für die meisten Juden ein Widerspruch in sich selbst.

Lukas 10,29–37

Heutzutage sind die Samariter, deren Zahl nur etwa 500 beträgt, die einzige quasi-jüdische Sekte, die zum Passafest noch Schafe schlachtet; Juden können dies ohne ihren Tempel nicht tun.

Juden aus Galiläa mußten durch das hügelige Samarien, wenn sie nach Jerusalem wollten.

Die Pharisäer

Der Name »Pharisäer« bedeutet wörtlich »Abgesonderte«. Sie wurzeln in der Bewegung der »Frommen« (Hebr.: *Hasidim*), die sich mit den Makkabäern im 2. Jh. v. Chr. gegen die Einführung hellenistischer Elemente in die jüdische Kultur stemmten. Später wandten sie sich gegen die Makkabäer, weil diese weltliche und religiöse Ämter miteinander verbanden.

Jonathan: 160–143 v.Chr.

Während der Hohenpriesterschaft Jonathans werden die Pharisäer erstmals als besondere Gruppe erwähnt. Anders als die Essener, die das Reich eines neuen Zeitalters erwarteten, waren die Pharisäer bereit, Kompromisse einzugehen, um als Gruppe zu überdauern. Für die Essener galten sie damit als »Heuchler«. Anderseits gerieten die Pharisäer aufgrund ihres Auferstehungsglaubens mit den Sadduzäern aneinander. Sie meinten, daß »der, welcher sagt, es gebe keine Totenauferstehung, keinen Anteil an der kommenden Welt haben wird«. Die Sadduzäer waren vor allem Priester, die sich um den Tempelkult kümmerten; die Pharisäer waren in erster Linie Schriftgelehrte, die die Schriften anhand der mündlichen Überlieferungen auslegten, die ihrer Überzeugung nach ebenso alt waren wie das schriftliche Gesetz.

Bei der Auslegung des Gesetzes ging es ihnen darum, das ewige Gesetz auf die ständig sich wandelnden Situationen ihrer Zeit anzuwenden. Erst in zweiter Linie versuchten sie, »einen Zaun um das Gesetz zu legen«, d.h., Vorsorge zur Verhinderung von Gesetzesübertretungen zu treffen. Wenn z.B. das Gesetz vorschrieb, eine Aufgabe bis zum Morgen zu erfüllen, gingen die Pharisäer vorsichtshalber einen Schritt weiter und forderten ihre Erfüllung schon zur vorhergehenden Mitternacht.

Matthäus 23,1–28

Dieser Übereifer um den Buchstaben des Gesetzes wurde von Jesus als Heuchelei verurteilt.

Doch nicht alle Pharisäer waren Heuchler. Eine Generation

Orthodoxer Jude beim Morgengebet. In dem Kästchen auf seiner Stirn befinden sich Abschnitte aus dem Gesetz – so wörtlich wird das Gebot ausgelegt: »Sie (die Gebote) sollen dir ein Merkzeichen zwischen deinen Augen sein.«

vor Jesus sagte Hillel, ein berühmter Rabbi aus Babylonien:
»Tue anderen nichts, was dir verhaßt ist.« Hillels Enkel Gamaliel war der berühmteste Rabbi seiner Zeit. Der Apostel Paulus
studierte bei ihm und war bis zu seiner Bekehrung zum
Christentum ein eifernder Pharisäer.

Die Pharisäer waren auch gegen die revolutionäre Politik
der Zeloten. Der pharisäische Führer Jochanan ben Zakkai
holte sich die Erlaubnis Kaiser Vespasians zur Eröffnung einer
Rabbinenschule in Jamnia (Jabneh) bei Jaffa, die das Überleben des Pharisäismus im jüdisch-römischen Krieg ermöglichte.

Mischna und Talmud

Die pharisäischen Rabbinen
verwandten viel Zeit darauf,
das Gesetz zu kommentieren.
Die mündlichen Kommentare
der ersten zwei Jahrhunderte
n.Chr. wurden von Juda Ha-
nasi zur bedeutenden Sammlung der *Mischna* zusammen-
gestellt. Man nannte die Rabbinen *Tannaim,* Lehrer. Sie
waren hauptsächlich damit
befaßt, Ordnungsfragen zu
entscheiden. Eine weniger bedeutende Sammlung ihrer
Kommentare ist die sog. *To-
sefta,* »Erweiterung«.

Spätere Auslegungen der
Mischna durch die *Amoraim,*
die Ausleger, Palästinas und
Babyloniens wurden in ihrer
Gesamtheit *Gemara,* »Vervoll-
ständigung«, genannt. *Gemara*
und *Mischna* zusammenge-
nommen bilden den *Talmud.*

Diese pharisäischen Überlieferungen sind die Grundlage
des heutigen orthodoxen Judentums.

Auch Kommentare der
Schriften, *Midraschim* ge-
nannt, wurden gesammelt. Die
älteren tannaitischen *Midra-
schim* befassen sich in erster
Linie mit Ordnungsfragen. Sie
enthalten Kommentare zu
Exodus, Leviticus, Numeri und
Deuteronomium (2.–5. Buch
Mose).

Die späteren amoraischen
Midraschim enthalten viel
volkstümliches und legendäres
Material. Die größte Sammlung, der *Midrasch Rabbah,*
wurde nicht vor dem 5. oder
7. Jh. n. Chr. zusammenge-
stellt. Er enthält Kommentare
zu den fünf Büchern des Gesetzes, dem *Pentateuch,* und
zu den fünf »Rollen« Hohes
Lied, Ruth, Klagelieder, Prediger und Esther.

Die Essener Die Essener werden im Neuen Testament nicht namentlich erwähnt, sind aber aus den Schriften von Josephus, Philo und
Plinius bekannt. Sie gelten als identisch mit der klösterlichen
Gemeinschaft von Qumran, von der die Schriftrollen stammen,
die 1947 am Toten Meer gefunden wurden.

Obwohl hier und da in Dörfern verheiratete Essener lebten,
galt die ehelose Gemeinschaft in Qumran als höchstes Ideal.
Die in die Gemeinschaft aufgenommenen Mitglieder lebten in
Gütergemeinschaft. Sie kannten wiederholte rituelle »Taufen«
und nahmen an einem Gemeinschaftsmahl teil. Sie hielten die
Sadduzäer für korrupt und meinten, die Pharisäer hielten sich
nicht sorgfältig genug an die rituellen Gebote. Der »Damaskusschrift« zufolge waren die Essener nur dann bereit, am Sabbat

einen Menschen aus einer Grube zu retten, wenn sie das ohne
Werkzeuge tun konnten. Die Pharisäer dagegen schätzten den
Wert eines Menschenlebens höher ein als das Halten des Sab-
batgebotes. Jesus hat sich möglicherweise auf die Essener be-
zogen, als er von denen sprach, die lehrten, man solle seine
Feinde hassen.

Matthäus 5,43

Die Gruppe, auf die die Schriftrollen vom Toten Meer zu-
rückgehen, erwartete offensichtlich zwei Messiasse: den prie-
sterlichen aus dem Stamm Levi und den königlichen aus dem
Stamm Juda. Sie glaubten in der Endzeit, vor dem letzten
Kampf zwischen den Söhnen des Lichts und den Söhnen der
Finsternis, zu leben. Ihr unbekannter Führer war der »Lehrer

**In diesen Höhlen versteckten die Es-
sener von Qumran im ersten jüdischen
Krieg Handschriften aus ihrer Bibliothek – die sogenannten Schriftrollen
vom Toten Meer. Zufällig entdeckte sie
ein Hirtenjunge im Jahre 1947.**

der Gerechtigkeit«.

Ausgrabungen in Qumran zwischen 1951 und 1956 haben
gezeigt, daß sich die Gemeinschaft in der Zeit des jüdischen
Führers Hyrkanus dort niederließ. Höchstens 400 Menschen
lebten in Qumran. Auf dem Friedhof mit seinen über 1000
Gräbern fanden sich auch die Skelette von Frauen und Kindern, möglicherweise Familienmitglieder verheirateter Essener.

Hyrkanus: 134–104 v.Chr.

Unter den Schriftrollen vom Toten Meer befinden sich
Handschriften des Alten Testaments, die 1000 Jahre älter sind
als die masoretischen Abschriften, des hebräischen Textes aus

dem 9. Jh. n. Chr., auf die Übersetzer sich bis dahin stützen mußten. Ein Vergleich mit den späteren Handschriften zeigt, wie genau die Texte überliefert worden sind. Andere Rollen deuten darauf hin, daß die *Septuaginta,* die griechische Übersetzung des Alten Testaments, aus anderen hebräischen Vorlagen erstellt wurde. Einige wenige Handschriften entsprechen dem nacherzählenden Stil des samaritanischen *Pentateuch.*

Unter den Rollen wurden erstmals hebräische und aramäische Handschriften apokrypher Schriften wie *Tobit (Tobias)* und *Ekklesiastikus (Sirach)* gefunden, von denen bislang nur griechische Versionen bekannt waren. Andere Funde waren Werke wie *Henoch, Jubiläen* und eine apokryphe *Genesis.* Auch Schriften, die inhaltlich mit der Sekte selbst zu tun haben, wurden entdeckt, z.B. die »Damaskusschrift«, Danklieder, Kommentare und die *Kriegsrolle.* Auf einer rätselhaften Kupferrolle befindet sich eine regelrechte Schatzkarte zu fabelhaften Gold- und Silberschätzen.

Für die beliebte Hypothese, der Lehrer der Gerechtigkeit sei vor Jesus gekreuzigt und auferweckt worden, gibt es keine Anhaltspunkte. Da Johannes der Täufer in der Nähe Qumrans lebte und seine Hörer taufte, vermuteten viele, es habe zwischen ihm und den Essenern Verbindungen gegeben. Aber seine Taufe war ein einmaliger Akt im Unterschied zu den wiederholten Waschungen im Qumran.

Im Jahre 66 n. Chr. wurde das Kloster und mit ihm die ganze Essenergemeinschaft von den Römern zerstört.

Die Siedlung der Essener am Ufer des Toten Meeres. Bei Ausgrabungen kamen eine Schreibstube, Zisternen, Bäder für rituelle Waschungen, eine Küche und verschiedene weitere Räume zum Vorschein.

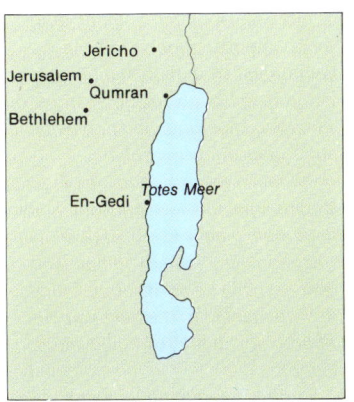

Die Sadduzäer Ihren Namen haben die Sadduzäer daher, daß sie behaupten, von Zadok, dem Hohenpriester zur Zeit Davids und Salomos, abzustammen. Diese Gruppe bestand aus den wohlhabenden Aristokratenfamilien, die das Amt des Hohepriesters innehatten. Sie glaubten weder an Engel noch an die Auferstehung, waren aber keine liberalen Rationalisten, sondern eher erzkonservativ: Sie hielten sich an das Gesetz der fünf Bücher Mose (Pentateuch) und lehnten spätere Auslegungen, das »mündliche Gesetz«, ab.

Die Sadduzäer waren erbost über die Tempelreinigung Jesu und seine Lehre von der Auferstehung. Die sadduzäischen Hohenpriester verurteilten Jesus in einem nächtlichen Prozeß und übergaben ihn dem Pilatus. In erster Linie waren die Sadduzäer für die Versuche verantwortlich, die Verkündigung des Petrus und der anderen Apostel von der Auferstehung Jesu von den Toten zu unterdrücken. Als im Jahre 70 n. Chr. die Zerstörung des Tempels ihren Existenzgrund vernichtete, konnten die Sadduzäer als Gruppe nicht überleben.

Gottesdienst in einer Synagoge in Israel

Die Synagoge Im babylonischen Exil (6. Jh. v. Chr.) begannen die Juden, sich zu Gebet und Schriftstudium in der Synagoge zu versammeln. Mindestens zehn Männer waren zur Gründung einer Synagoge erforderlich. Frauen saßen in einem abgeteilten Raum und durften sich nicht am Gottesdienst beteiligen.

Zahlreiche Synagogen wurden in Jerusalem eingerichtet, darunter eine für ehemalige Sklaven. Die gut erhaltene Synagoge von Kapernaum stammt zwar aus dem 3. oder 4. Jh. n. Chr., steht aber wahrscheinlich an der Stelle des Gebäudes, in dem Jesus lehrte. Die einzige heute zu besichtigende Synagoge aus dem 1. Jh. wurde auf Masada ausgegraben.

Auf all seinen Reisen predigte Paulus überall zuerst in der Synagoge den Juden die Botschaft von Christus. Als ausgebildeter Rabbiner wurde er wohl eingeladen, die wöchentliche Lesung aus der *Thora* und den Propheten auszulegen.

Einige Synagogen waren riesig.

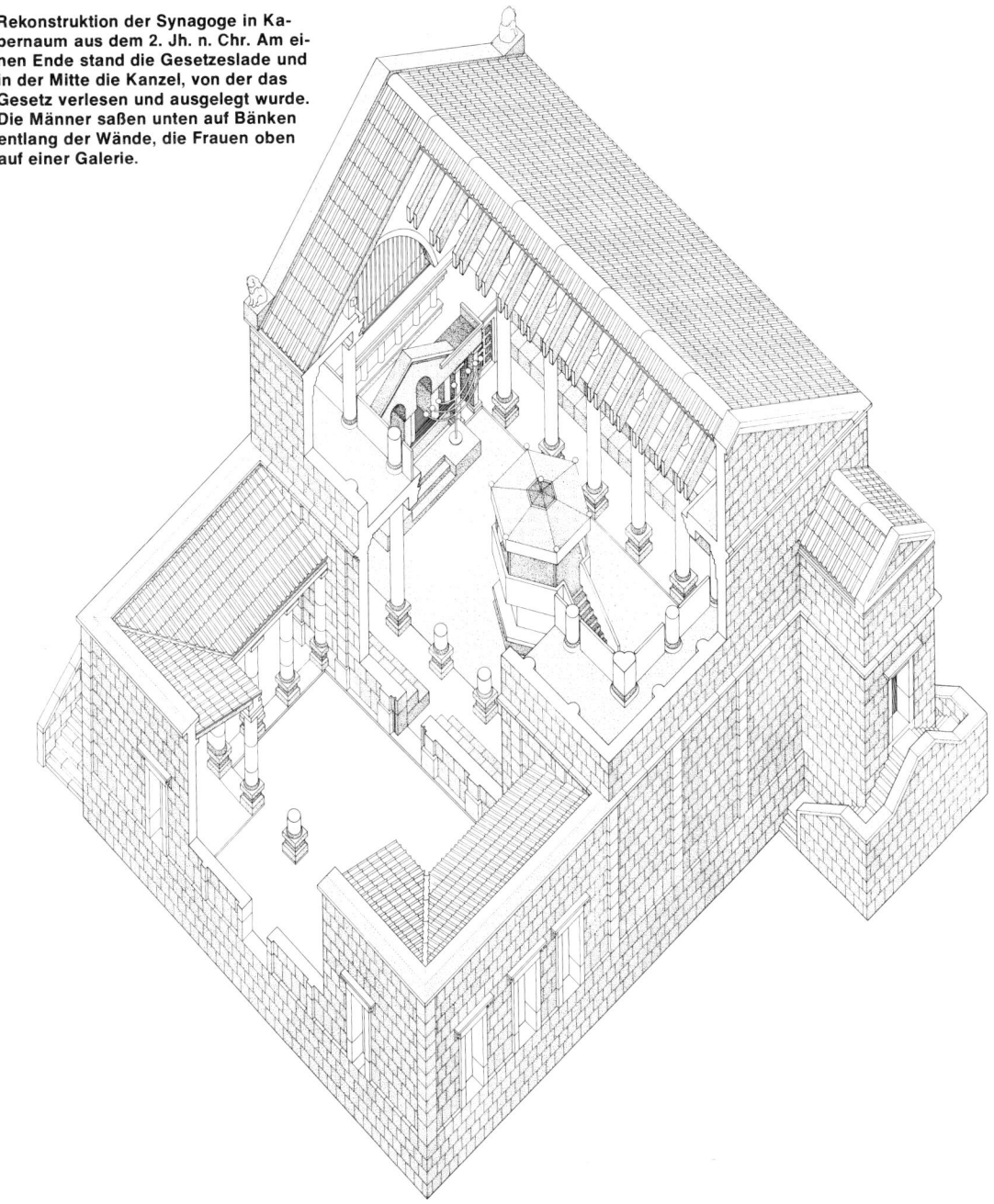

Rekonstruktion der Synagoge in Kapernaum aus dem 2. Jh. n. Chr. Am einen Ende stand die Gesetzeslade und in der Mitte die Kanzel, von der das Gesetz verlesen und ausgelegt wurde. Die Männer saßen unten auf Bänken entlang der Wände, die Frauen oben auf einer Galerie.

In Sardes (westliche Türkei) wurde eine Synagoge ausgegraben, die von 200–600 n. Chr. benutzt wurde. Die Haupthalle war 60 Meter lang, der Vorhof mit Vorhalle weitere 40 Meter. Die Diploston-Synagoge in Alexandria war so groß, daß ein Mann in der Mitte des Saales den Menschen am Ende des Gebäudes mit einer Flagge den richtigen Moment für das »Amen« signalisieren mußte.

Die jüdische Diaspora

Der jüdische Historiker Josephus schreibt, daß drei Millionen Juden zu den Passa-Feiern nach Jerusalem gekommen und über eine Million im ersten jüdisch-römischen Krieg getötet worden seien. Diese Zahlen sind möglicherweise maßlos übertrieben; ein moderner Wissenschaftler schätzt die Zahl der Pilger auf 125–150000 und die Einwohnerschaft Jerusalems auf 25–65000; ein anderer schätzt die Einwohnerschaft Jerusalems auf 150000; und ein dritter vermutet, daß in ganz Palästina insgesamt etwa eine halbe Million Juden gelebt haben. Man schätzt die Bevölkerung des römischen Reiches auf 55 bis 80 Millionen Menschen, wobei die Bevölkerungsdichte in den Städten des Ostens am größten war.

Mit Sicherheit lebte die große Mehrheit der Juden außerhalb Palästinas. Zum Pfingsttag kamen viele verschiedene Juden aus dem ganzen Reich als Pilger nach Jerusalem, und diese Leute nennt man oft Juden in der Zerstreuung oder in der *Diaspora*.

Apostelgeschichte 2,5–13

Die jüdische Diaspora

Im 3. Jh. v. Chr., als die ägyptischen Ptolemäerkönige Judäa regierten, ließen sich viele Juden in Ägypten nieder. Damals war diese Pyramide bei Saqqara bereits mehr als 2000 Jahre alt.

Selbst die Grabsteine in Jerusalem und Beth Shearim legen Zeugnis ab von der weltweiten Zerstreuung der Juden. Inschriften erwähnen Juden aus Palmyra in Syrien, Cyrene in Libyen, Lakedaimon in Griechenland, Delos im Ägäischen Meer, Capua in Italien und vielen anderen Orten.

Juden in Ägypten

Der Schriftsteller Philo behauptete, unter den insgesamt 8 1/2 Millionen Ägyptern seiner Zeit gebe es eine Million Juden. Diese Zahl mag übertrieben sein. Sicher ist jedoch, daß in der großen Stadt Alexandria zwei von fünf Bezirken jüdisch waren. Alexandria, die zweitgrößte Stadt nach Rom, hatte eine Bevölkerung von über 300 000 Einwohnern.

Philo: 20–50 n.Chr

Aus dieser Stadt, dem geistigen Mittelpunkt der hellenistischen Welt, stammte der große jüdische Schriftsteller Philo. Er konnte kein Hebräisch und legte das Alte Testament nach den Prinzipien griechischer Philosophie aus, wozu er es allegorisch interpretierte. Es gebe, so lehrte er, einen Mittler zwischen Gott und den Menschen, das »Wort« *(Logos)*. Diese Vorstellung hat möglicherweise den Verfasser des Johannes-Evangeliums und mit Sicherheit spätere christliche Denker beeinflußt.

Trotz der gegenteiligen Behauptung des Josephus hatten die Juden in Alexandria zwar kommunale Selbstverwaltung, aber nicht die vollen Bürgerrechte. Zwischen den Juden und den »Griechen« Alexandrias gab es dauernd Reibereien. Als Agrippa I. die Stadt im Jahre 38 n. Chr. besuchte, brachen offene Unruhen aus, in deren Verlauf 400 jüdische Häuser zerstört wurden. Philo protestierte bei Kaiser Caligula gegen das Verhalten des Stadthalters Flaccus. Caligula verwarf die jüdische Beschwerde verächtlich: »Mir scheint, Leute, die dumm genug sind, nicht zu glauben, daß ich zum Gott geworden bin, sollten eher bemitleidet als verdammt werden.«

Unter Kaiser Claudius entstanden weitere Unruhen zwischen

Blick auf Kairo, die Hauptstadt des heutigen Ägypten

Claudius: 41–54 n.Chr.

den Juden und den anderen Alexandriern. Er warnte in einem Brief: »Ich befehle den Alexandriern, sich den Juden gegenüber, die viele Jahre in derselben Stadt gewohnt haben, tolerant und freundlich zu erweisen . . . Ich befehle den Juden ausdrücklich, nicht für mehr Privilegien zu agitieren . . . sich nicht den Zugang zu Wettbewerben in den Gymnasien zu erzwingen.«

Philos Bruder, Alexander der Alabarch, war Steuereintreiber. Er war einer der reichsten Männer der Welt, und er besorgte goldene und silberne Platten für die Tore des Jerusalemer Tempels.

Alexanders Sohn, Tiberius Julius Alexander, wandte sich von seiner jüdischen Kultur und Religion ab, um die höchste Stellung bei den Römern erreichen zu können. Von 46 bis 48 n. Chr. war er Gouverneur von Judäa, und beim Ausbruch des jüdisch-römischen Krieges im Jahre 66 der von Ägypten. Er stellte sogar die römischen Soldaten gegen seine jüdischen Landsleute auf, von denen etwa 50 000 getötet wurden. Er war der erste bedeutende römische Beamte, der Vespasian im Jahre 69 als Kaiser anerkannte, und er diente bei der Belagerung Jerusalems unter Titus als Generalstabschef.

Syrische Juden

Apostelgeschichte 9,1–3

Mit Briefen des Hohepriesters an verschiedene Synagogen machte sich Paulus vor seiner Bekehrung zu Christus in seinem Eifer, die Christen zu verfolgen, nach Damaskus auf. Seine Bekehrung verhinderte das beabsichtige Massaker; allerdings wurden während des ersten römisch-jüdischen Krieges 10 500 seiner jüdischen Landsleute in Damaskus getötet (nach einem anderen Abschnitt bei Josephus 18 000).

Schätzungsweise 12 Prozent der 300 000 Einwohner von Antiochien am Orontes, der drittgrößten Stadt des Reiches, waren
Juden. Ausgrabungen zwischen 1932 und 1938 förderten jedoch
nur eine Inschrift und ein Marmorbruchstück zu Tage, die von
der jüdischen Gemeinschaft zeugten. Acht Kilometer südlich
von Antiochien, in der Vorstadt Daphne, fanden Archäologen
das Theater, das Kaiser Vespasian an der Stelle errichten ließ,
an der die jüdische Synagoge gestanden hatte.

In römischer Zeit lebte eine große Anzahl von Juden in Palmyra, einer Oasenstadt an einer wichtigen Handelsstraße durch die syrische Wüste. Dies
sind Ruinen der prachtvollen Säulenstraße und des Triumphbogens aus
der Zeit Hadrians.

Juden in Kleinasien und Griechenland

Die erste größere jüdische Siedlung in Anatolien (Türkei) geht
auf den Seleukiden Antiochus III. zurück, der 200 v. Chr. 2 000
jüdische Familien von Mesopotamien nach Lydien und Phrygien umsiedelte. Er versprach ihnen religiöse Freiheit, gab ihnen Land und befreite sie zehn Jahre lang von der Erntesteuer.

62 v. Chr. konfiszierte Lucius Valerius Flaccus, der Statthal-

**Der Zeusaltar in Pergamon, einer der
kleinasiatischen Städte, in der Juden
lebten. Obwohl sie mit anderen Religionen in Berührung kamen, bewahr-
ten die Juden ihren Glauben.**

ter der Provinz Asia, das Gold, das die Juden gesammelt hatten, um es nach Jerusalem zu senden. Als er 59 v. Chr. wegen
Erpressung angeklagt wurde, verteidigten ihn Hortensius und
Cicero, der in seiner Rede von den Juden sagte: »Man weiß,
was für eine große Gruppe sie sind, wie unzertrennlich sie zu-
sammenhalten und wie einflußreich sie in der Politik sind.«

Paulus fand in Griechenland Juden in den drei größten Städten Mazedoniens vor – Philippi, Thessalonich und Beröa – und
eine kleine jüdische Gemeinschaft in Athen. Der strategisch
wichtigen jüdischen Gemeinschaft von Korinth widmete er besonders viel Zeit. Korinth hatte zwei Häfen an der Landenge,
einen an der Westseite bei Lechäum und einen an der Ostseite
bei Kenchreä. Schiffskapitäne zogen es vor, ihre Schiffe über
die Landenge schleppen zu lassen, anstatt die gefährliche Fahrt
um die Südspitze des Peloponnes zu riskieren.

1898 wurde auf der Agora Korinths eine Inschrift gefunden, die von einer »Synagoge der Hebräer« redet. Möglicherweise stand also da, wo Paulus predigte, auch später eine Synagoge.

Juden in Mesopotamien

Nach dem babylonischen Exil kehrten viele Juden nicht mit Serubabel oder Esra nach Palästina zurück, und so gehen die Anfänge der jüdischen Gemeinschaft in Mesopotamien auf das 6. Jh. v. Chr. zurück. Leider gibt es bis etwa 220 n. Chr. nur wenige Zeugnisse von der Entwicklung des Judentums in dieser wichtigen Gegend, aber es ist bekannt, daß die jüdischen Gemeinschaften unter parthische Herrschaft kamen, als diese Mesopotamien 140 v. Chr. eroberten. Manche Wissenschaftler haben vermutet, daß das Judentum in dieser Zeit unter den Einfluß der persischen Religion des Zoroaster geriet, doch gibt es dafür keine Beweise. Ihre jährliche Tempelabgabe sammelten die Juden Mesopotamiens im Süden in Nehardea und im Norden in Nisibis und sandten sie mit bewaffneten Transporten nach Jerusalem.

Artabanus III.: 16−44 n.Chr.

Zwei jüdische Brüder vermochten für 15 Jahre während der Herrschaft des schwachen Partherkönigs Artabanus III. einen halbwegs selbständigen Staat zu errichten, der dem König zu Ergebenheit verpflichtet war. Bei seiner Zerschlagung wurden jedoch über 50 000 Juden getötet.

Ein jüdischer Kaufmann in Charax-Spasinu am persischen Golf bekehrte Izates, den Prinzen von Adiabene (dem alten Assyrien) zum Judentum. Seine Mutter Helena, die auch zum Judentum bekehrt wurde, baute einen Palast in Jerusalem. Während der Hungersnot 46−48 n. Chr. kaufte sie Getreide in Ägypten und Feigen in Zypern, um die Bevölkerung Jerusalems zu ernähren. Sie wurde in einem prachtvollen Grab in Jerusalem beerdigt.

Über Juden in Persien ist sehr wenig bekannt.

Der Euphrat bildet die südliche Grenze Mesopotamiens

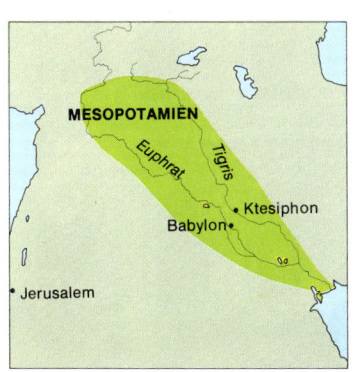

Juden in Italien

Zu ersten offiziellen Kontakten zwischen Juden und Römern kam es 161 v. Chr., als Judas Makkabäus ein Bündnis mit Rom schloß. 139 v. Chr. vertrieb der Chef der römischen »Fremdenpolizei« neben Astrologen auch »Juden, weil sie mit der Anbetung des Jupiter Sabasius die Moral der Römer untergraben«. Sabasius, der Name eines phrygischen Gottes, wurde wohl mit dem jüdischen *Jahwe Zebaoth* verwechselt.

61 v. Chr. brachte Pompejus jüdische Kriegsgefangene nach Rom. Philo zufolge wurden sie später freigelassen und bildeten den Kern der jüdischen Gemeinschaft in Rom. Das ist jedoch unwahrscheinlich, denn 59 v. Chr. schrieb Cicero, daß die Juden bereits zahlreich und einflußreich seien.

Während des Bürgerkrieges zwischen Pompejus und Cäsar unterstützten die Juden Cäsar. Zum Dank gewährte er ihnen besondere Privilegien als einer »anerkannten Religion«. Juden waren von der Wehrpflicht ausgenommen; ihnen wurde eine

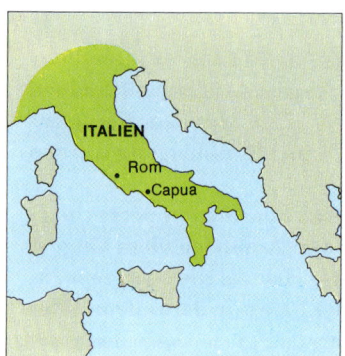

Im 1. Jh. n. Chr., als das Kolosseum in Rom gebaut wurde, machten die Juden mindestens 4 % der Einwohner Roms aus.

Gaius Caligula, der geisteskranke Kaiser, der von sich behauptete, göttlich zu sein

eigene interne Gerichtsbarkeit zugestanden; sie durften Beiträge von einem halben Schekel nach Jerusalem entrichten. Als die Römer den Kaiserkult entwickelten, wurden die Juden nicht gezwungen, an ihm teilzunehmen. – Sie mußten nur *für* den Kaiser beten.

Unter den eine Million Einwohnern Roms gab es im ersten Jh. n. Chr. schätzungsweise 40–60 000 Juden. Nach dem Tode Herodes des Großen im Jahre 4 v. Chr. protestierten etwa 8000 in Rom lebende Juden gegen die Ernennung von Archelaus zu seinem Nachfolger.

19 n. Chr. lösten vier jüdische Betrüger Empörung aus, als sie eine wohlhabende jüdische Konvertitin dazu brachten, die Gaben, die sie für den Tempel stiften wollte, ihnen zu geben. Als Folge davon schickte Kaiser Tiberius 4000 jüdische Freigelassene zur Arbeit auf die berüchtigt ungesunde Insel Sardinien. Der geisteskranke Kaiser Caligula (37–41 n. Chr.) erschreckte die Juden mit seinem Vorhaben, trotz der Proteste seines Freundes Agrippa eine Statue seiner selbst im Jerusalemer Tempel aufzustellen. Dies wurde durch die Verzögerungstaktik des syrischen Landpflegers Petronius aufgeschoben und durch die Ermordung des Kaisers durchkreuzt.

Juden und Christen

Die ersten Christen waren Juden, die an Jesus als den Messias glaubten, auf den das jüdische Volk gewartet hatte. Ihre Botschaft gründeten sie auf die alttestamentliche Prophetie und predigten sie den Juden in Palästina und anderen Teilen des römischen Reiches.

Als die Christen im Zuge der Verfolgung nach dem Tod des Stephanus aus Jerusalem fliehen mußten, nahmen sie ihre Botschaft mit. Bald wurden aber auch Heiden Glieder der christlichen Gemeinden.

Als sich der Apostel Petrus in Jaffa aufhielt, kam er zu

Das jüdische Viertel in Jerusalem. Nach dem ersten jüdischen Krieg (66–70 n. Chr.) löste Rom Jerusalem als Zentrum des Christentums ab.

der Einsicht, daß die christliche Botschaft an alle Menschen gerichtet war, nicht nur an die Juden. Daraufhin taufte er Kornelius, einen römischen Hauptmann (vgl. Apostelgesch. 10). Als er davon in Jerusalem berichtete, stimmte die Gemeinde zu, Juden und Heiden aufzunehmen.

Als Paulus und Barnabas von ihrer Missionsreise durch Kleinasien zurückkehrten, waren so viele Heiden Christen geworden, daß manche Judenchristen sich bedroht fühlten. Da das Christentum im Judentum wurzelte, waren sie der Meinung, auch Heidenchristen sollten das jüdische Gesetz halten. Um 49 n.Chr. wurde zur Erörterung des Problems eine Konferenz in Jerusalem abgehalten (vgl. Apostelgesch. 15,1–21). Paulus setzte sich vehement dafür ein, nicht etwas von Heiden zu verlangen, was die Juden selbst als unmöglich erkannt hätten. Der Mensch könne Gott nicht finden, indem er das jüdische Gesetz halte, sondern nur, indem er sich Jesus Christus anvertraue. Man entschied, daß Heidenchristen nur auf bestimmte unreine Speisen ver-

zichten und das Sittengesetz halten sollten. Von da an gab es keine Rassenschranken mehr in der Gemeinde.

Einige Jahre lang nahmen die Judenchristen noch am Gottesdienst am Sabbat (Samstag) in der Synagoge teil und versammelten sich zusätzlich am Sonntag, dem Tag der Auferstehung. Paulus begann seine Mission oft in der Synagoge, wenn er in eine neue Stadt kam. Die Christen lasen und zitierten das Alte Testament.

Aber viele Juden hielten die Christen für Ketzer, die das Judentum bedrohten. Als Herodes I. Agrippa einigen jüdischen Führern einen Gefallen tun wollte, ließ er Jakobus töten und Petrus verhaften. Paulus wurde in mehreren Städten von Juden angegriffen, die von der großen Zahl Missionierter alarmiert waren. Die Römer behandelten die Christen als jüdische Sekte und griffen in Auseinandersetzungen nur ein, wenn die öffentliche Ordnung bedroht war. Erst als Nero im Jahre 64 n.Chr. die Christen für den Brand verantwortlich machte, der einen Großteil Roms zerstörte, kam an den Tag, daß eine neue Religion entstanden war.

Im ersten Jüdischen Krieg (66–70 n.Chr.) flohen die Christen von Jerusalem nach Pella. Da sie sich weigerten, sich am Kampf gegen die Römer zu beteiligen, verachteten die Juden sie noch tiefer. Um 90 n.Chr. wurde ein neues Zentrum der jüdischen Lehre in Jamnia gegründet. Neue Regelungen verboten den Christen die Teilnahme am Synagogengottesdienst. Ja, sie wurden sogar in Gebeten verflucht. Judentum und Christentum hatten sich getrennt.

MYTHEN UND KULTE

In der Zeit des Hellenismus glaubten die meisten Menschen nicht mehr an die griechischen Götter in Menschengestalt. Doch noch im 1. Jh. n. Chr. war es möglich, daß die Bauern von Lystra in Kleinasien Paulus und Barnabas für Zeus und Hermes hielten. Mit dem Aufkommen der Philosophie im 6. Jh. v. Chr. begannen die gebildeten Griechen, die alten Mythen als Allegorien zu verstehen. Der Philosoph Xenophanes ging so weit anzunehmen, daß es nur einen einzigen Gott gebe, der keinerlei Ähnlichkeit mit den Menschen habe.

Aber neben diesem Rationalismus, der heutiger Denkweise nahesteht, gab es bei den Griechen immer Elemente des Irrationalismus. Seite an Seite mit Philosophie und Logik existierten mythische Kulte, die unbändige Gefühle freisetzten.

Die Religion der Griechen

Die ersten Mysterienkulte

Der älteste griechische Mysterienkult wurde in Eleusis, 20 km westlich von Athen, gefeiert. In seinem Mittelpunkt stand die Sage der Persephone, die von Hades entführt wurde und jedes Jahr vier Monate in der Unterwelt zubringen mußte. Wer in den Kult eingeweiht werden wollte, mußte Griechisch sprechen können und durfte kein Mörder sein.

Im September fand das große Fest statt. Zunächst badeten die Einzuweihenden im Meer, dann opferten sie eine Sau. Anschließend zogen sie in einer Prozession entlang des Heiligen Weges nach Eleusis, wobei sie *kykeon,* ein alkoholisches Getränk aus gerösteter Gerste, tranken. Seinen Höhepunkt erreichte das Fest in Eleusis. Nach Einbruch der Dunkelheit wurden die Einzuweihenden in ein riesiges Gebäude, das Telesterion, geführt. Inmitten einer Szene mit Rauch- und Lichteffekten zeigte ihnen der Führer einen Gegenstand, wahrscheinlich eine Getreideähre.

Wegen des hohen Ansehens der eleusinischen Riten baten Kaiser wie Augustus, Hadrian und Mark Aurel darum, zu ihnen zugelassen zu werden. Neros Bewerbung wurde allerdings abgewiesen. Die eleusinischen Feiern wurden bis zum Einfall des Barbaren Alarich nach Griechenland (395 n. Chr.) fortgesetzt.

Der älteste griechische Mysterienkult neben Eleusis war der

Griechenland

Die Stelle in Eleusis in Griechenland, an der jedes Jahr nach der Legende Hades die Persephone mit in die Unterwelt nahm

Kabeiridenkult auf Samothrake, einer Insel vor der Nordwest-Küste Kleinasiens. Die Kabeiriden waren Vulkangottheiten. Die Einzuweihenden trafen sich nachts. Sie trugen Kronen und Lampen, während sie sich ein geheimnisvolles Schauspiel ansahen. Vor allem gegen Schiffbruch wurde ihnen Schutz zugesagt.

Seit den Anfängen im 6. Jh. v.Chr. wurde der Kabeiridenkult in hellenistischer Zeit vor allem bei Thrakern und Mazedoniern beliebt. Philip und Olympias, die Eltern Alexanders des Großen, lernten einander bei einer der Feiern kennen. Alle Schichten, von römischen Statthaltern bis zu Sklaven, wurden aufgenommen. Mit der Beschädigung durch ein Erdbeben um 200 n. Chr. begann der Niedergang des Heiligtums auf Samothrake.

Die Orgien für Dionysos

Dionysos, von den Römern Bacchus genannt, war ein Gott der Pflanzen, besonders des Weines. Nach der griechischen Sage war er ein Sohn von Zeus und Semele. Kurz nach seiner Geburt wurde er von den Titanen in Stücke gerissen und mußte ein zweites Mal geboren werden. Nach späteren Überlieferungen reiste er bis nach Ägypten und Indien. Wer sich gegen ihn stellte, wurde entweder irrsinnig oder von seinen Verwandten in Stücke gerissen, ein Schicksal, das Euripides in dem Drama »Die Bacchanten« lebhaft beschreibt.

Die Jünger des Dionysos, hauptsächlich Frauen, waren die *Mänaden* oder »Irrsinnigen«. Im Weinrausch tanzten sie ekstatisch und liebkosten Schlangen. Der Höhepunkt ihrer Orgien war erreicht, wenn sie ein lebendiges Tier Stück für Stück zerrissen. Arnobius, ein christlicher Schriftsteller, protestierte:

»Um zu zeigen, daß ihr von der Erhabenheit und Würde des Gottes erfüllt seid, zerstört ihr mit blutigen Mäulern die Eingeweide von Ziegen.«

546–527 v.Chr.

Dramen wurden zunächst zu Ehren von Dionysos an den Abhängen der Akropolis in Athen aufgeführt. Sowohl Tragödien (*tragoidoi* oder »Ziegenlieder«) als auch Komödien (*komoidoi* oder »Dorflieder«) entwickelten sich aus dem Dionysoskult.

500–450 v.Chr.

Der älteste Nachweis für die Einführung des Bacchus nach Italien stammt von einem Friedhof bei Cumae, der Eingeweihten dieses Kultes vorbehalten war. Die Bewegung wurde zu Anfang des 2. Jh. v. Chr. bekannt, als 186 der Senat 7000 Anhänger festnahm, von denen viele wegen angeblicher Verbrechen hingerichtet wurden. Ein Erlaß reglementierte den Kult streng und begrenzte Versammlungen auf nur fünf Leute, und auch die nur nach vorheriger Erlaubnis des Senats.

Trotz solcher Verfolgung überdauerte die Bacchus-Verehrung. Der Kult ist auf den Fresken der Mysterienvilla in Pompeji lebhaft beschrieben. Sie bilden weibliche Eingeweihte ab, die ein geheimnisvolles Objekt, möglicherweise einen Phallus, betrachten und sich einer rituellen Peitschung unterziehen.

Im 4. Jh. n. Chr. berichtete der Schriftsteller Firmicus Maternus, daß die Kreter immer noch »einen lebenden Stier mit den Zähnen zerreißen und Verrücktheit vortäuschen, wenn sie mit mißtönendem Geschrei durch die verborgenen Plätze des

Das Griechenreich.
Die rote Linie zeigt die größte Ausdehnung von Alexanders Weltreich vor seinem Tode im Jahre 323 v. Chr. Nach seinem Tod kämpften seine Generale um die Herrschaft. Bis 198 v. Chr. regierten Ptolemäus und seine Nachfolger Ägypten und Palästina. Seleukos begründete eine Dynastie, die in Babylon, dem östlichen Teil des Weltreiches, und – nach 281 v. Chr. – in Kleinasien herrschte. 275 v. Chr. kam Mazedonien unter die Herrschaft des Antigonos Gonatas, des ersten der »Antigoniden«-Könige.

Orpheus spielt den Tieren und Vögeln auf der Leier vor. Dieses Mosaik aus dem 3. Jh. n. Chr. wurde in Tarsus gefunden.

Waldes kreischen«.

Diesem extremen Kult hat unsere Sprache eine Anzahl von Wörtern entlehnt. Dazu gehören: »Ekstase« (von *ekstasis* »außer sich stehen«), »Enthusiasmus« (abgeleitet von *entheos* »bewohnt von dem Gott«), »Orgien« (von *orgia* »Riten«) und »Triumph« (abgeleitet von dem griechischen *thriambos* »eine Hymne auf Bacchus«).

Orpheus und sein Kult

Eine eigene Religion, die als Orphismus bekannt war und auf einer erweiterten Dionysos-Legende gründete, war mit dem legendären Musiker Orpheus verbunden. Nach den orphischen Schriften aßen die Titanen Dionysos mit Ausnahme seines Herzens. Aus ihm schuf Zeus einen neuen Dionysos. Er vernichtete die Titanen und schuf aus ihrer Asche Menschen. Daher haben die Geschöpfe eine zweifache Natur: Ihre Körper, die von den Titanen herstammen, sind schlecht; aber ihre Seelen, die von Dionysos herstammen, sind gut. Um aus dem Kreislauf der Reinkarnationen erlöst zu werden, machten die Orphiker eine Läuterung durch und kontrollierten ihr Verhalten.

Der Orphismus entstand irgendwann im 7. oder 6. Jh. v. Chr. Er wurde in hellenistischer und römischer Zeit populär. Goldblätter aus dem 4. und 3. Jh. v. Chr., die man in Gräbern auf Kreta und in Süditalien fand, sind wahrscheinlich orphisch. Auf einem dieser Blätter steht: »Rein komme ich hierher aus dem Reinen . . . Durch gütiges Schicksal bin ich dem Kreislauf lastender Sorge entronnen.«

Die olympischen Götter

Die Namen vieler griechischer Götter sind allgemein bekannt. Mythen und Legenden rankten sich um ihre Intrigen untereinander und ihre Taten unter den Menschen. Einige der wichtigsten Götter der Griechen waren:

Aphrodite

Die Göttin der Liebe und Schönheit, die wahrscheinlich in Beziehung stand zu den

asiatischen Liebesgöttinnen Ischtar und Astarte. Wo sie ging, blühten Blumen auf, und Vögel umflatterten sie. Sie konnte selbst die weisesten Götter betören. Sie gebar dem Ares mehrere Kinder, z.B. den »Schrecken«.

Apollo

Der Sohn des Zeus war der Gott des Lichts, der Wahrheit, der Musik und Weissagung. Er tötete die Schlange Python und stiftete das Orakel von Delphi, da er von Pan die Gabe der Weissagung erhalten hatte.

Artemis

Die Lieblingsgöttin vieler Frauen, die zu ihr um sichere Geburt beteten. Die Zwillingsschwester des Apollo war die Göttin des Mondes, in Homers »Ilias« als Jägerin dargestellt. In Ephesus wurde eine asiatische Fruchtbarkeitsgöttin als Diana (= römische Entsprechung der Artemis) verehrt.

Demeter

Die Göttin von Obst und Getreide, wovon die Ernährung der Griechen abhing. Sie verursachte eine Hungersnot aus Kummer darüber, daß Hades ihre Tochter Persephone in die Unterwelt entführt hatte.

Hera

Die Gattin des Zeus und Göttin der Ehe und der Familie. Sie war eine furchterregende Gestalt und die Verbündete des Jason in der Argonautensage.

Hephaistos

Der Gott des Feuers und der Handwerker, der Zaubergegenstände für Götter und Menschen herstellte. Von seinen Eltern Zeus und Hera verstoßen, gewann er die Zuneigung seiner Mutter mit der Fertigung wunderschönen Schmucks zurück.

Poseidon

Der Bruder des Zeus war der Gott des Meeres und der Erdbeben. Er gab den Menschen das Pferd, ein Tier, das vor allem als Transportmittel nützlich war. Die Griechen beteten zu ihm um Schutz für die Seefahrer.

Zeus

Er war Herrscher auf dem Olymp, dem Wohnort der Götter, nachdem er seinen Vater Kronos mit Hilfe der Kyklopen, Giganten und Titanen gestürzt hatte. Er war der Gott des Wetters und lenkte die menschlichen Schicksale.

**Das Parthenon in Athen war der Tempel der Athena Parthenos, der Schutzgöttin Athens.
Oben rechts: Ein Ausschnitt aus dem Tempelfries mit (von links) Isis, Hera und Zeus.**

Die griechische Philosophie

Die Lehren des Pythagoras

Im 6. Jh. v. Chr. nahm die griechische Philosophie ihren Anfang in den Spekulationen der sogenannten Vorsokratiker über die Beschaffenheit des Universums. Viele dieser ersten Philosophen wie Thales, Heraklit und Anaxagoras kamen aus Ionien, den griechischen Kolonien an der Westküste Kleinasiens.

Sie nahmen an, das Universum sei aus einem einzigen ewigen Stoff oder der Kombination solcher Stoffe, wie Wasser, Luft oder Feuer, entstanden. Manche, z.B. Heraklit, dachten, die grundlegende Wirklichkeit sei der Wandel. »Man kann nicht zweimal in denselben Fluß steigen«, sagte er. Andere behaupteten, der Wandel sei eine Illusion; alle Dinge blieben gleich.

Pythagoras von Samos, einer dieser frühen ionischen Philosophen, ist heute am bekanntesten für seinen Lehrsatz über das rechtwinklige Dreieck: Das Quadrat über der Hypotenuse (der längsten Seite) ist gleich der Summe der Quadrate über den beiden anderen Seiten. Er entdeckte auch die Beziehung zwischen Zahlen und Tonleitern und glaubte, er könne die Naturgeheimnisse erfahren, indem er die Ordnung der Himmel beachte. Pythagoräer waren die ersten, die vermuteten, die Erde sei rund.

Aber Pythagoras war nicht nur Philosoph und Mathematiker; er war auch ein Mystiker. 538 verließ er Samos, ging nach Kroton in Süditalien und gründete eine religiöse Gemeinschaft aus Männern und Frauen. Die Pythagoräer glaubten an Reinkarnation. Um die Seele aus der Gefangenschaft im Körper zu befreien, aßen sie kein Fleisch und keine Bohnen und hielten andere Tabus ein, trugen z.B. keine wollenen Kleider.

Apollonius von Tyana, der 98 n. Chr. starb, versuchte, Pythagoras nachzuahmen. Sein Leben wurde von Philostrat aufgeschrieben. Obwohl es in diesem Bericht über die Wundertaten und den Tod des Apollonius viele erstaunliche Ähnlichkeiten mit dem Leben Christi gibt, hat Philostrat ihn wohl nicht absichtlich als Gegenstück zu den Evangelien geschrieben. Er war unhistorisch und wahrscheinlich von den Evangelien beeinflußt.

Apollonius war in Wirklichkeit ein modifizierter Pythagoräer, der Magie betrieb. Er gewann die Bewunderung einiger Heiden wie Kaiser Caracalla und Alexander Severus. Dieser ließ Statuen von Apollonius, Christus, Abraham und Orpheus aufstellen und verehrte sie alle gleichermaßen.

Im 2. Jh. n. Chr. zog Numenius von Apamea sowohl Pythagoras als auch Plato sowie das Alte Testament für sich heran.

Pythagoras: 578–496 v.Chr.

Statue des Pythagoras aus dem 12. Jh. n. Chr. an der Kathedrale von Chartres in Frankreich

Sokrates, dessen Denken sich in den Schriften Platos wiederfindet

Er sagte den bemerkenswerten Satz, daß »Plato nichts weiter als ein griechisch sprechender Mose war«. Die Schriften von Ägyptern, Magiern (persischen weisen Männern), Brahmanen aus Indien zitierte er ebenfalls.

Die Lehren von Numenius gleichen denen des berühmten Neuplatonikers Plotin. Er behauptete, es gebe einen höchsten Gott, den Einen. Neben ihm gebe es einen doppelgesichtigen zweiten Gott, der den ersten Gott betrachtet und die sichtbare Welt regiert. Anders als Plotin glaubte er an die ewige Existenz der Materie und an eine schlechte kosmische Seele. Wie Pythagoras glaubte er an den Kreislauf der Reinkarnationen. Numenius war einzigartig in seinem Glauben, daß der Mensch zwei Seelen habe: eine gute Seele aus dem zweiten Gott und eine unvernünftige aus der kosmischen Seele.

Plato

Sokrates (469–399 v. Chr.) ging dauernd in Athen umher und befragte Menschen. Er war kein Philosoph mit dogmatischen Ansichten, sondern er bestimmte ganz neu das Thema der Philosophie. Im Mittelpunkt stand nicht mehr das Universum, sondern der Mensch und sein Verhalten. Er meinte, rechtes Leben könne nur gelehrt werden, wenn man wisse, was das sei. Sokrates wurde wegen »Atheismus« und Verführung der Ju-

Philosophische Begriffe

Allegorie: Eine Erzählung, deren Bedeutung nicht im Wortlaut, sondern im Symbolgehalt liegt.

Amoralität: Eine Lebenshaltung, die sich um die Frage nach Recht oder Unrecht nicht kümmert.

Demiurg: Ein gnostischer Name für den Schöpfer der Materie. Er galt als ein weit unter dem höchsten Gott stehendes Wesen.

Dualismus: Die Vorstellung, daß es in der Welt zwei Kräfte gibt – Licht und Finsternis oder Gut und Böse –, die ständig miteinander ringen.

Ethik: Die Gesamtheit der Prinzipien, die Verhalten und Moral bestimmen.

Hedonismus: Ein Glaube, der den Genuß für das höchste Gut und den Lebenssinn hält.

Kosmos: Das Universum als geordnetes System, im Gegensatz zu Zerfall und Chaos.

Manichäer: Eine gnostische Gruppe, die behauptete, Gottes endgültige Offenbarung empfangen zu haben.

Mysterienkulte: Religionen mit geheimen Initiationsriten, die nur den Eingeweihten bekannt waren.

Mystiker: Menschen, die durch Meditation und Selbstdisziplin nach Selbsterkenntnis und geistlicher Offenbarung strebten.

Nous: Das Prinzip logischen Denkens, das allen Dingen Ordnung und Einheitlichkeit verleiht; die höchste Gottheit und Quelle aller Sinnhaftigkeit.

Pantheismus: Ein religiöses oder philosophisches System, das die gesamte Natur für die Verkörperung Gottes hält; Gott ist kein von den Dingen oder Menschen unterschiedenes Wesen.

Rationalismus: Der Glaube, daß menschliche Vernunft das Universum ohne zusätzliche Gottesoffenbarung begreifen kann.

Reinkarnation: Der Glaube, daß die Seele nach dem Tod in einen neuen Körper eingeht und Strafen oder Belohnungen durchlebt, die sie für die vorangegangenen Leben erhalten hat.

Seele: Der immaterielle Wesensteil des Menschen, dessen göttlicher Ursprung vermutet wird.

Syllogismus: Ein Argumentationsgang, in dem eine Folgerung aus zwei Behauptungen gezogen wird, die beide einen gemeinsamen Begriff beinhalten, der in der Folgerung nicht mehr enthalten ist.

Theosophie: Eine philosophische Richtung, die behauptet, Gotteserkenntnis könne durch Verzückung oder Intuition gewonnen werden.

**Viele griechische Denker waren Pan-
theisten: Sie glaubten, daß in allem
Gott gegenwärtig sei. Im Gegensatz
dazu glauben Christen, daß Gott von
der Welt, die er geschaffen hat, ver-
schieden ist. Das Bild zeigt Salzabla-
gerungen der heißen Quellen bei Hierapolis in Kleinasien, die früher das
Wasser für die nahegelegenen römischen Bäder lieferten.**

gend angeklagt. (Manche seiner Schüler, z.B. Alkibiades und
Kritias, nahmen tatsächlich eine verhängnisvolle Entwicklung.)
Sokrates wurde vor Gericht gestellt und zum Tode durch den
Schirlingsbecher verurteilt.

Weil von Sokrates selbst nichts Schriftliches überliefert ist,
hängen unsere Informationen über ihn von den Schriften seiner Schüler wie Xenophon und vor allem Plato ab. Da Plato
seine eigenen Gedanken in Form von Dialogen mit Sokrates
formuliert, ist es nicht immer leicht, seine Ansichten von denen
seines Lehrers zu unterscheiden.

Plato: 428–347 v.Chr.

387 gründete Plato die erste »Universität«, Akademie genannt, in einem Gymnasium bei Athen. In begreiflicher Reak-
tion gegen die Demokratie, von der Sokrates verurteilt worden
war, entwarf Plato in seinem bekanntesten Werk *Die Republik*
einen Idealstaat, der eher den totalitären Staat von Sparta als
Athen als Muster nimmt. Er forderte die Zensur der homeri-
schen Epen, die Auflösung der Familien, die gemeinsame Erziehung von Frauen und Männern und eine selektive Erziehung, aus der Philosophenherrscher hervorgehen sollten.

Als sich in Syrakus (Sizilien) für Plato die Gelegenheit ergab,
seine politischen Ideen in die Praxis umzusetzen, scheiterte er

kläglich. Enttäuscht, aber klüger, kehrte er in seinem letzten Werk, *Gesetze,* zu konservativeren Ideen zurück. So räumte er z.B. der Familie wieder ihren Platz ein.

Plato diskutiert in *Timaeus,* einem Werk, das christliche Theologie und Philosophie später grundlegend beeinflußte, die Schaffung des Kosmos. Sein Schöpfer, von ihm *Demiurg* genannt, ist ein guter, aber nicht-allmächtiger Gott. Er schuf nicht aus dem Nichts, sondern formte vorhandenes Chaos in einen geordneten Kosmos um. Da das Universum von einem rationalen Prinzip beherrscht ist, sollen Philosophen Fächer wie Mathematik und Astronomie studieren.

Platos grundlegender Beitrag zum griechischen Denken war die Vorstellung, wahre Wirklichkeit sei nicht in der sichtbaren, gegenständlichen Welt zu finden, sondern nur in unsichtbaren, vollkommenen und ewigen Ideen, die weder im Raum, noch in der Zeit existieren. So ist die Idee eines Würfels unabhängig von allen tatsächlichen Würfeln. D.h., alles, was wir in der

Die Schüler Platos

Platos Nachfolger strebten unter Konzentration auf ethische Fragen zunächst eine Systematisierung der Lehren Platos an.

Aber Arkesilaos, der die Akademie 270–240 v. Chr. leitete, entwickelte unabhängig von dem Skeptiker Pyrrhon eine eigene Spielart des Skeptizismus. Er vertrat die Ansicht, daß das richtige Verständnis Platos dazu führen müsse, jegliches Urteil aufzuschieben. Er vermied alle positiven Aussagen; vielmehr

Plato, der Gründer der Akademie in Athen

behauptete er, daß er von nichts Kenntnis besitze, nicht einmal von seiner eigenen Unkenntnis.

Die **mittleren Platoniker** (1. Jh. v. Chr.–2. Jh. n. Chr.) waren von dem aristotelischen Gedanken beeinflußt, daß der göttliche Geist nur sein eigenes Denken denkt, weil es kein anderes Objekt gibt, das seines Denkens wert wäre. Sie hielten Platos »Ideen« für Gedanken des göttlichen Geistes. Da der göttliche Geist außerhalb der Welt existiert, wird sie vom zweiten Geist geschaffen und regiert.

Der göttliche Geist kann nur in Negationen beschrieben werden, da alles, was wir über ihn aussagen können, ihm nicht gerecht wird. Die Ansicht der mittleren Platoniker, Gott sei mit Worten nicht zu erfassen, beeinflußte christliche Denker wie Klemens von Alexandrien zutiefst.

Die letzte bedeutende Weiterentwicklung des Platonismus war der **Neuplatonismus,** der Gedanken des Aristoteles und der Stoiker aufnahm. Er erlebte seine Blütezeit vom 3.

Jh. n. Chr. bis zur Schließung der Philosophenschulen 529 unter Justinian.

Der Neuplatonismus wurde von Plotin (205–270 n. Chr.) begründet, einem Griechisch sprechenden Ägypter. Man hat ihn den größten Denker zwischen Aristoteles und Descartes genannt. Andere bezeichneten dagegen das Gewicht, das er der Verzückung beimaß, als »Selbstmord der Philosophie«.

Nach elf Jahren Studium unter Ammonius Saccus in Alexandria begleitete er Kaiser Gordian III. auf einem Feldzug gegen die Perser. 245 gründete er eine Schule in Rom. Sein asketischer Lebenswandel trug ihm große Hochachtung ein: Er verschenkte sein Vermögen und fastete jeden zweiten Tag.

Da Plotin selber nichts geschrieben hat, sind wir für die Kenntnis seines Denkens auf die *Enneaden,* eine Sammlung seiner Reden von seinem berühmten Schüler Porphyrius, angewiesen. Plotins System beinhaltet ein einziges Sein, weshalb man es auch dynami-

Welt sehen, ist nur ein schwacher Abglanz der Wirklichkeit, wie Plato in der Republik in der bekannten Allegorie von der Höhle ausführt. Die Menschen sind wie Höhlenbewohner, die nur tanzende Schatten an den Wänden und nicht das Licht draußen sehen.

Mit unseren Sinnen können wir die Ideen nicht erfassen. Doch können uns z.B. schöne Gegenstände zur Idee der Schönheit führen. Wie Pythagoras nahm Plato an, daß die Seele wiedergeboren werde; indem wir uns erinnern an das, was wir vor unserem jetzigen Leben gesehen haben, gelangen wir zu Ideenerkenntnis.

Aristoteles

Aristoteles: 384–322 v.Chr.

Aristoteles stammt aus Stagira östlich von Thessalonich. Da sein Vater Arzt am mazedonischen Hof war, wurde er der Erzieher des jungen Alexander, der später »der Große« genannt wurde. Man sagt, Aristoteles sei ein Schüler, aber kein Jünger Platos gewesen. Er war in beinahe jeder Hinsicht anderer An-

---

schen Pantheismus genannt hat. Er stellte sich eine dreifache Wirklichkeit vor, die in konzentrischen Kreisen vom höchsten Sein ausgeht, dem namenlosen Gott, der in dauernde Selbstbetrachtung versunken ist. Von ihm strahlt der göttliche Geist aus, der wiederum die kosmische Seele hervorbringt.

Die niedere Seite der kosmischen Seele bringt die Natur hervor, die aufgrund ihrer Ferne vom Guten unvollkommen ist. Der Mensch hat eine zweifache Wesenheit. Sie besteht aus dem »gewöhnlichen Menschen«, der der Sünde und dem Leiden unterworfen ist, und der »Seele«, die weder sündigen noch leiden kann. Der Mensch muß danach streben, sich durch asketisches Leben und geisterfüllte Ekstase mit dem Guten zu vereinigen.

Porphyrius (233–305 n.Chr.) stammte aus Tyrus. Neben der Herausgabe der Werke Plotins schrieb er selbst noch »Fünfzehn Bücher gegen die Christen«, einen der ersten Angriffe gegen die Bi-

bel. Er lehnte die Prophetie Daniels ab und kritisierte Unstimmigkeiten in den Evangelien. Sein Werk wurde 448 vom Konzil in Ephesus verdammt und verbrannt. Nur Fragmente sind noch erhalten.

Iamblichus von Chalkis (250–330 n. Chr.) studierte bei Porphyrius und gründete danach eine eigene Schule in Syrien. Er empfahl die Verwendung von magischen Riten und Astrologie. Zu Lebzeiten wurde er gerühmt und später von Kaiser Julian hoch geschätzt.

Proclus von Lycien (411–485 n. Chr.) war Leiter der Akademie. Auch er verband Magie und Mystik mit Philosophie. Er glaubte von sich selbst, er sei die Reinkarnation eines früheren Neupythagoräers. Die Vielzahl seiner Kommentare zu Plato und anderen Philosophen beeinflußte das Mittelalter nachhaltig.

Obwohl manche Neuplatoniker wie Porphyrius das Christentum bekämpften, wurden viele **christliche Denker** vom Neuplatonismus

nachhaltig beeinflußt. Origenes, der mit Plotin studierte, entwickelte eine Trinitätslehre, die der Dreiheit des Einen, dem Nous und der Seele bei Plotin in überraschender Weise gleicht. Erst als das nicänische Glaubensbekenntnis entworfen wurde, wiesen die Theologen die neuplatonische Vorstellung zurück, es könne Stufen der Göttlichkeit geben.

Augustin (354–430 n. Chr.) schätzte die Schriften der Platoniker, da sie ihn von den dualistischen Vorstellungen der Manichäer befreiten. Er war der Ansicht, ihre Wertschätzung der unsichtbaren Welt und ihre Verachtung der Natur komme der christlichen Weltanschauung nahe. Er meinte, daß sie »mit nur wenigen Änderungen ihrer Worte und Ansichten alle Christen werden könnten, so wie viele Platoniker es in jüngster Zeit geworden sind«.

Die Betonung des Mystischen bei Plotin beeinflußte nachhaltig die Herausbildung des mittelalterlichen Mystizismus solcher Denker wie Bonaventura.

sicht als sein Lehrer. 335 gründete er in Athen seine eigene
Schule, das Lyceum.

Unersättlich wißbegierig untersuchte Aristoteles alle denkba-
ren Fragen. Im Gegensatz zu Plato betonte er die Beobachtung
und Ableitung allgemeiner Gesetze aus beobachteten Tatsachen
(Induktion). Zu seinen Vorträgen gehören Studien über Zoolo-
gie, Anatomie und Physiologie. Er glaubte, daß die Wirklichkeit in Gegenständen vorhanden ist und nicht in unsichtbaren
Ideen.

Für logische Beweise stellte er Regeln auf wie den Syllogismus. Er schrieb über Poesie, Rhetorik und Politik. In bezug auf
die Ethik meinte er, daß der Mensch nach der »goldenen Mitte« streben solle, einem idealen Verhaltensmuster zwischen
den Extremen. Aristoteles glaubte nicht an die Unsterblichkeit
des Individuums; nur der unpersonale »tätige Geist« über-
dauere den Tod.

Aus Untersuchungen über die Bewegung schloß er, daß es
eine unbewegte erste Ursache geben müsse. Dieser erste Bewe-
ger oder Gott sitzt auf der Himmelsschale. Er ist nur mit seinem eigenen Denken befaßt und hat keine Kenntnis von dem
Universum unter sich.

Avicenna 980–1037 n.Chr.

Die Werke des Aristoteles wurden von islamischen Autoren
wie Ibn Sina, auch bekannt als Avicenna, bis zum Mittelalter
weitergegeben. Als sie im 12. Jh. ins Lateinische zurücküber-
setzt wurden, hatten sie eine ungeheure Wirkung. Sie haben
bleibenden Einfluß ausgeübt, besonders durch Thomas von
Aquin, der sie großartig mit christlichen Vorstellungen verband und damit zur katholischen Theologie wesentlich beitrug.

**Thomas von Aquin:
1224–1274 n.Chr.**

Aristoteles

Die Schüler des Aristote-
les

Der direkte Nachfolger des
Aristoteles war **Theophrast**
von der Insel Lesbos (371–288
v. Chr.). Der populäre Lehrer,
der etwa 2 000 Schüler unter-
richtete, beschäftigte sich
hauptsächlich mit der Botanik.
Unter den 270 Werken, die
ihm zugeschrieben werden,
finden sich eine Mineralien-
analyse und eine Beschrei-
bung von Persönlichkeiten mit
dem Titel »Charaktere«, in
der Menschentypen beschrieben werden wie »der
Schmeichler« oder »der
Schwätzer«.

Demetrios von Phaleros, ein
anderer Schüler des Aristoteles, ging auf Einladung des
Königs Ptolemäus I. nach
Alexandrien und gründete
dort das »Museum«, wörtlich
»Palast der Musen«. Es entwickelte sich zu einem For-
schungsinstitut, das die größte
Bibliothek der Antike beher-
bergen sollte. Der Reichtum
der Ptolemäer sorgte dafür,
daß seit dieser Zeit Alexandria als Zentrum der Gelehr-
samkeit an die Stelle Athens
trat.

Hier behauptete **Aristarch
von Samos** (280 v. Chr.), der
Mittelpunkt des Universums
sei die Sonne; **Eratosthenes**
(274–192 v. Chr.) ermittelte
den Erdumfang mit einer Ab-
weichung von weniger als 320
km. **Euklid** verfaßte das Stan-
dardlehrbuch der Geometrie.

Die Skeptiker

Das Wort »skeptisch« kommt von einem griechischen Wort, das »sorgfältig beachten« bedeutet. Aber Skeptizismus wurde zu einem Begriff für den Unglauben oder den Agnostizismus in bezug auf die Möglichkeit des Erkennens.

Pyrrhon: 365–275 v.Chr.

Der Begründer des Skeptizismus war Pyrrhon aus Elis. Obwohl er selbst keine Schriften hinterließ, entnehmen wir aus anderen, daß er den Sinnen mißtraute. Er riet seinen Schülern, ruhig zu leben und ihr Leben auf das Wahrscheinliche zu gründen. Mit Männern wie Arkesilaos beherrschten die Skeptiker die platonische Akademie im 3. und 2. Jh. v. Chr. Ein

Karneades: 214–129 v.Chr.

späterer Leiter der Akademie und radikaler Skeptiker, Karneades von Cyrene, leugnete die Unsterblichkeit der Götter und die Gewißheit von Erkenntnis. Was wir wahrnehmen können, ist nur Augenschein. 155 blendete er die Römer mit seiner Rhetorik, verwirrte sie jedoch mit seiner Amoralität.

Sextus: 2. oder 3. Jh. n.Chr.

Der letzte bedeutende Skeptiker war Sextus Empiricus, ein Arzt. Zu seinen Werken gehören: *Umriß des Pyrrhonismus, Gegen die Dogmatisten* und *Gegen die Professoren.* Er strebte nach einem Leben in Ruhe, und sein bevorzugter Ausspruch war: »Es macht keinen Unterschied.«

Die Kyniker

Die Kyniker hatten ihren Namen daher, daß sie das »Leben eines Hundes« führten (Kynisch ist griechisch für hundeartig).

Antisthenes 445–365 v.Chr.

Sie behaupten, ihr Begründer sei Antisthenes gewesen, ein Anhänger des Sokrates, der die platonische Ideenlehre zurückwies und ein Leben ohne weltliche Genüsse betonte. Die meisten Wissenschaftler zweifeln jedoch an dieser Tradition.

Diogenes: 403–323 v.Chr.

Wahrscheinlich gebührt diese Ehre dem bekanntesten Kyniker, Diogenes von Sinope, der bei Antisthenes studierte. Er ist weithin bekannt als der Mann, der am hellichten Tag mit einer Lampe auf die Suche nach einem ehrlichen Menschen ging. Er wohnte in Korinth in einer großen Tonne. Das einzige, was er besaß, waren ein Mantel, ein Stab und eine Tasche.

Blick auf Athen vom Lykabettos. In der linken Bildhälfte die Akropolis, der befestigte Hügel, um den herum die Stadt wuchs.

Viele Szenen aus dem griechischen Leben sind auf bemalten Vasen und auf Steinreliefs festgehalten worden. Die Abbildung unten links stellt eine Sklavin dar, die ihrer reichen Herrin eine Halskette, die vermutlich aus Gold ist, überreicht. Unten rechts sind zwei Brüder zu sehen, die im zweiten Jahrhundert nach Christus lebten. Einer von ihnen war ein Bauer, der andere ein Handwerker.
Die Anbetung der Götter war ein wesentlicher Teil im Leben aller Griechen. Religiöse Feste waren ungeheuer beliebt. In Athen zog jedes Jahr eine Prozession mit Priestern und Musikern zur Akropolis. Während der Feierlichkeiten wurde eine Statue der Athene in neue Kleider gehüllt, was wahrscheinlich in der Säulenhalle des Erechtheion stattfand (linkes Bild).

Diogenes machte sich über die Aufmerksamkeit lustig, die dem Sport, der Musik und der Mathematik gewidmet wurde. »Die Geldgier ist das Zentrum allen Übels«, erklärte er. »Fürchte nichts, begehre nichts, besitze nichts«, war sein Motto. 335 v. Chr. besuchte ihn Alexander der Große und fragte, was er für ihn tun könne. »Geh mir aus der Sonne«, war seine einzige Antwort. Alexander soll bemerkt haben: »Wenn ich nicht Alexander wäre, wäre ich gern Diogenes.«

Krates: 365–324 v.Chr.

Der am meisten beachtete Schüler des Diogenes war Krates von Theben. Er wurde »Tür-Öffner« genannt, weil er ungebeten in Häuser zu gehen und mit seiner kynischen Philosophie auf die Leute einzureden pflegte. Er bekehrte seine Schwester Hipparchia zum Kynismus und heiratete sie anschließend.

Die kynischen Redner sprachen in kühnen Ansprachen, die als *diatribes* bekannt sind. Diese Reden mit ethischen Ermahnungen und Erläuterungen haben möglicherweise späteren christlichen Predigern als Vorbild gedient.

Die Stoiker

Zeno: 350–260 v.Chr.

Der Gründer der Stoa war Zeno aus Kition auf Zypern. Als armer Schiffbrüchiger kam er 314 v. Chr. nach Athen. Von der Philosophie angesteckt wurde er, als er Xenophons *Leben des Sokrates* in einem Buchladen fand. Auf seine Frage, wie er Philosophie studieren könne, antwortete man ihm, er solle dem gerade vorbeigehenden Kyniker Krates folgen. Seit 304 lehrte Zeno in der *stoa poikile,* der wegen der Gemälde des Polygnot

Links: Das griechische Stadtleben spielte sich hauptsächlich auf dem Markt *(agora)* **ab, um den sich eine Säulenhalle zog. Händler, Philosophen, Soldaten und die ganz normalen Städter kamen hier zusammen. An religiösen Festtagen zogen Prozessionen über die** *agora* **zum Tempel.**

Korinth, die Heimat des Diogenes, war ein wohlhabender Stadtstaat, der für seinen Handel und seine Handwerksproduktion bekannt war. Im Hintergrund liegt Akrokorinth, der Felsen, auf dem einst der Aphroditetempel stand.

Die griechische Sprache

Das Griechisch, das am Hof Alexanders des Großen gesprochen wurde, war das klassische attische oder athenische Griechisch. Eine Folge der Eroberungen Alexanders war die weite Verbreitung des Griechischen, besonders als mazedonische Generäle ihre eigenen Reiche im Vorderen Orient gründeten.

Im Laufe der Jahrhunderte entstand eine in bezug auf Aussprache, Grammatik und Wortschatz vereinfachte Variante, das sogenannte *Koine*-Griechisch. Das Alte Testament wurde um 250 v. Chr. in Ägypten von etwa 70 Gelehrten ins Koine-Griechisch übersetzt. Diese Übersetzung wird nach dem griechischen Wort für »70« *Septuaginta* genannt. Sie umfaßt nicht nur die Bücher des hebr. Alten Testaments, sondern auch etwa ein Dutzend »apokryphe« Schriften.

Die ersten Christen zitierten gewöhnlich aus der Septuaginta, wenn sie zeigen wollten, daß die Schrift erfüllt oder Jesus der Messias, der Christus, sei. Die jüdischen Rabbinen autorisierten eine andere Übersetzung, die Aquila um 130 n. Chr. erstellte. Da seine Übersetzung sehr wörtlich und daher ungelenk war, erstellten Theodotion und Symmachus weitere Übersetzungen des Alten Testaments.

Die Römer standen seit den Anfängen der Republik in Kontakt mit den griechischen Kolonien in Süditalien und Sizilien. Doch besonders während der Kriege gegen Mazedonien und Achaia wurde Rom von griechischen Kriegsgefangenen und Kunstgegenständen überschwemmt. Der Dichter Horaz drückte es so aus: »Griechische Gefangene nahmen Rom gefangen.«

Erzkonservative Römer wie der Zensor Cato (234–149 v. Chr.) widersetzten sich der Überflutung durch griechische Kultur. Aber eine einflußreiche Gruppe von Griechenverehrern, unter ihnen Scipio Ämilianus, förderten die griechische Kultur und übernahmen die Gönnerschaft für Schriftsteller wie Polybius. Unter dem Einfluß der überlegenen griechischen Kultur entwickelten die Römer ihre eigene Literatur, Philosophie und Kunst. Selbst Cato versuchte am Ende seines Lebens, Griechisch zu lernen.

Der römische Schriftsteller und Redner Cicero (106–43 v. Chr.), der in Athen und Rhodos studiert hatte, beherrschte Griechisch so fließend wie Latein. Quintilian (40–118 n. Chr.), die große römische Autorität in Erziehungsfragen, war der Meinung, Kinder sollten Griechisch noch vor Latein lernen. Plutarch, der im 2. Jh. n. Chr. lebte, konnte kaum Latein und schrieb seine Biographien griechischer und römischer Persönlichkeiten in Griechisch. Dabei stützte er sich auf die Werke griechischer Historiker wie Polybius. Kaiser Mark Aurel schrieb um 180 n. Chr. seine stoischen Meditationen in Griechisch. Martial und Juvenal, zwei Satiriker im 2. Jh. n. Chr., beklagten sich darüber, daß römische Frauen sogar Griechisch liebten!

Griechisch und Latein waren die offiziellen Sprachen des römischen Reiches. Die autobiographische Schrift des Kaisers Augustus wurde in Ankara in Kleinasien auf Griechisch und Latein publiziert. Kaiser Vespasian begründete Lehrstühle für Griechisch und Latein. Außer in Italien war Griechisch im alten römischen Reich weiter verbreitet als Latein. Eine Untersuchung der annähernd 500 jüdischen Katakombeninschriften zeigt, daß 74 % in griechischer, 24 % in lateinischer und nur 2 % in hebräischer oder aramäischer Sprache abgefaßt waren.

Griechische Mädchen beim Spiel. Diese Tonfigur aus dem 3. Jh. v. Chr. wurde in Capua in Italien gefunden.

Oben: Vasengemälde mit Szenen aus einer griechischen Schule. Ein Knabe lernt, Leier zu spielen, während ein anderer seine Aufgaben aufsagt.

Unten: Griechische Flöte. Musik spielte im Leben der Griechen eine wichtige Rolle.

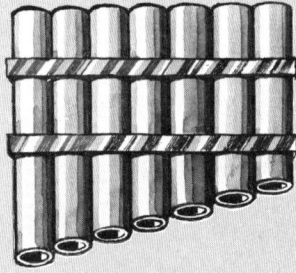

Griechisch war die bevorzugte Sprache der ersten Christen. Selbst Christen in Rom hielten bis ins 4. Jh. n. Chr. ihren Gottesdienst auf Griechisch. Frühe christliche Schriftsteller wie Origenes, Clemens von Alexandria oder Irenäus schrieben allesamt Griechisch. Mit der Herausbildung des »Kirchenlatein« schied sich die christliche Welt schließlich in den lateinischen Westen und den griechischen Osten. Die Trennungslinie verlief östlich von Dalmatien (Jugoslawien), Italien und Tripolitanien (westliches Libyen).

Die griechische Erziehung

Die griechische Erziehung war vor allem weitgehend aristokratisch und athletisch und beinahe ausschließlich auf Knaben beschränkt. Nach 450 v. Chr. veränderten die Sophisten die Erziehung völlig. Im 4. Jh. v. Chr. wurden in Athen große Philosophenschulen errichtet.

In hellenistischer Zeit wurden in jeder von Griechen im vorderen Orient gegründeten Stadt Gymnasien eröffnet. Sie dienten zur Bewahrung der hellenistischen Tradition und zur Eingliederung der Nicht-Hellenistischen in die hellenistische Gesellschaft.

Die meisten Familien hatten einen »Pädagogen«, der die Schulausrüstung des Knaben trug, ihn zur Schule begleitete und ihn über seinen Unterrichtsstoff prüfte.

Griechische Erzieher legten gleichermaßen Wert auf den nackt ausgeübten Sport (*gymnasia*) und die den Musen, den Schutzgöttinnen der Kunst,

gewidmeten Künste *(mousikos)*. Unterricht in Schwerathletik wurde in privaten »Ringarenen« gegeben. Laufen und Speerwerfen wurden in den Gymnasien geübt.

Jeder Knabe wurde in Gesang und Leierspiel unterrichtet. Er lernte das ABC, indem er die Buchstaben von der Vorlage seines Lehrers auf seine eigene Wachstafel abschrieb. Er lernte Lesen, was im Altertum immer bedeutete, laut zu lesen. Zu den Hauptwerken gehörten Homer, Lyrik und Drama, besonders die Stücke des Euripides.

Im Alter von 18 Jahren wurde ein junger Mann erwachsen und war endlich frei von der strengen Fürsorge seines Pädagogen. Im Alter zwischen 18 und 20 Jahren durchliefen athenische junge Männer, die *Epheben*, eine vom Staat durchgeführte militärische und athletische Ausbildung. Die Oberschicht bestand in hellenistischer Zeit aus Absolventen dieser Ausbildung. In römischer Zeit waren die *Epheben* der Kern der athenischen Universität.

so genannten »Bemalten Halle«. Die Stoiker haben ihren Namen von der Stoa oder Säulenhalle.

Kleanthes: ?310–232 v.Chr.

Kleanthes von Assos mußte als Gepäckträger arbeiten, um Zenos Vorlesungen besuchen zu können. 262 wurde er Leiter der Stoa. Das Universum betrachtete er als lebendes Wesen mit der Sonne im Zentrum. Er schrieb 40 Gedichte, darunter den *Hymnus auf Zeus.*

Chrysipp: 281–207 v.Chr.

Sein Nachfolger als Leiter der Stoa wurde 232 Chrysipp aus Soli westlich von Tarsus in Kilikien. Ihm werden über 700 Werke zugeschrieben, von denen jedoch nur Fragmente erhalten sind. Seine große Leistung war die Systematisierung der stoischen Lehren.

Panaetios: 185–109 v.Chr.

Panaetios von Rhodos reiste nach Rom und sicherte sich den römischen General Scipio Aemilianus, einen Liebhaber griechischer Kultur, als Gönner. Er legte den Stoizismus in einer Weise aus, die den Römern eine Verteidigung ihres Imperialismus lieferte. Er behauptete, der Staat sei wichtiger als das Individuum und der römische Staat besitze die bestmögliche Verfassung. 129 wurde Panaetios Leiter der Stoa.

Posidonius: 135–51 v.Chr.

Sein Schüler Posidonius von Apamea gründete eine berühmte Schule auf Rhodos, an der auch Cicero studierte. Pompejus verehrte ihn, und umgekehrt lobte er Pompejus und pries Rom als Wächter über Recht und Ordnung. Posidonius reiste viel und beschrieb verschiedene Völkerstämme. Die Kelten stellte er in einem idealistischen Licht als »edle Wilde« dar. Als ein Mann mit demselben enzyklopädischen Interesse wie Aristoteles beschäftigte er sich mit Mathematik, Geometrie, Meteorologie und Astronomie. Er bemerkte z.B. die Beziehung zwischen den Mondphasen und den Gezeiten.

Die Stoa des Attalos in Athen aus dem 2. Jh. v. Chr. wurde kürzlich rekonstruiert.

Römische Stoiker

Seneca von Cordoba (4 v.–65 n. Chr.) war der Sohn eines Rhetoriklehrers. Er war Kaiser Neros Erzieher und mit Burrus, dem Hauptmann der Prätorianer, für die ersten fünf »goldenen« Jahre von Neros Herrschaft verantwortlich.

Seine hohe Stellung war für den stoischen Philosophen unbequem. Sie zwang zu Kompromissen und machte es ihm unmöglich, seinen ethischen Idealen zu leben. Er sprach vom Armutsideal und war selbst Millionär. Seneca entschuldigte das folgendermaßen: »Ich bin nicht vollkommen, noch werde ich es jemals sein. Ich stecke tief in allen Arten von Lastern. Ich

Ein Reiterstandbild des Kaisers Mark Aurel, dessen *Meditationen* **noch heute sehr geschätzt werden.**

hoffe nur, besser zu sein als die Schlechten und jeden Tag besser zu werden.« – »Der berühmte Seneca, der so wehmütig danach strebte, sich mit der Wahrheit gut, und doch mit Nero nicht schlecht zu stehen, ist und bleibt nur unser vielleicht bestproportionierter Halbherziger, der glaubwürdigste Glaubwürdige, den wir kennen« (Thomas Carlyle).

Seneca hinterließ viele ethische Schriften und Briefe. Er schrieb neun Tragödien nach griechischem Vorbild, die jedoch eher zur Rezitation als zur Aufführung gedacht waren.

Bewundernswerter in seiner Lebensführung war der verkrüppelte ehemalige Sklave **Epiktet von Hierapolis** (50–138 n. Chr.). Er hatte Neros Leibwächter Epaphroditus als Sklave gedient. Nach seiner Freilassung wurde er Philosoph. Als Kaiser Domitian um 90 die Philosophen aus

Seneca, der Erzieher Neros

Rom vertrieb, gründete er eine Schule in Nikopolis in Epirus (Albanien). Unter seinen Hörern war der zukünftige Kaiser Hadrian. Epiktet hinterließ keine Schriften, aber seine Lehren wurden von seinem Schüler Arrian in den *diatribai,* »Vorträgen«, und einem *encheiridion,* »Handbuch«, festgehalten.

Epiktet beeinflußte den Kaiser **Mark Aurel** (121–180 n. Chr.), der seine berühmten *Meditationen* während eines Feldzuges gegen einfallende Markomannenvölker in Österreich niederschrieb. Er schrieb: »Beginne den Morgen, indem du dir sagst: Ich werde heute dem Geschäftigen, dem Undankbaren, Überheblichen, Betrügerischen, Neidischen, Unsozialen begegnen . . . Keiner von ihnen kann mich verletzen, weil keiner das, was häßlich ist, an mich binden kann, noch kann ich über meinen Verwandten ärgerlich sein, noch ihn hassen.« Trotz solcher erhabener Regungen wie »Wir müssen einander von Herzen lieben« und »Es ist elender zu schaden, als Schaden zu erleiden«, hatte dieser stoische Kaiser wenig Geduld mit den Christen, die während seiner Regierungszeit verfolgt wurden.

Der Hafen von Rhetymnon, der drittgrößten Stadt auf Kreta. Die Kreter wurden von den griechischen Dichtern verachtet.

Paulus und die Stoa

Tarsus in Kilikien, die Geburtsstadt des Apostels Paulus, war wegen stoischer Philosophen wie Antipater und Zeno bekannt. Paulus besuchte keine »Universität« in Tarsus, sondern ging wohl im Alter von etwa 12 Jahren nach Jerusalem, um bei Rabbi Gamaliel zu studieren.

Er erhielt nur eine Grundausbildung im Griechischen; daher finden sich in seinen Reden und Briefen nur wenige Zitate klassischer Autoren. (Dagegen zitierte Clemens von Alexandrien, der eine weiterführende griechische Ausbildung genoß, in seiner *Ermahnung an die Griechen* 33mal Homer und neunmal Euripides.)

Im Neuen Testament gibt es nur drei Stellen, die mit Sicherheit Zitate aus den Klassikern sind. An die Korinther zitiert Paulus aus Menanders *Thais:* »Schlechte Gefährten verderben einen guten Charakter.« Menander schrieb etwa 100 Spiele im sogenannten Komödienstil, in denen typische Charaktere in romantische Handlungen verwickelt sind. Dennoch braucht Paulus kein Theater besucht zu haben, denn solche Zitate waren damals so bekannt wie heute Shakespeares »Sein oder Nichtsein«.

1.Korinther 15,33
Menander: 342–292 v.Chr.

Paulus bereitet seinen Mitarbeiter Titus auf die Begegnung mit den schwierigen Kretern vor, indem er aus dem Werk *De Oraculis* des kretischen Dichters Epimenides zitiert: »Die Kreter sind immer Lügner, böse Tiere und faule Bäuche.« Der Ori-

Titus 1,12

ginalkontext lautet: »Sie bauten dein Grab, oh du Größter und Höchster, die Kreter, immer Lügner, böse Unmenschen und faule Vielfraße. Aber du starbst nicht, sondern lebst und bist ewig gegründet.« Der Clou dieses Gedichts besteht darin, daß der Autor, der alle Kreter als Lügner bezeichnete, selber Kreter war. Er mußte also ein Lügner und was er sagte mußte falsch sein; daraus folgte dann, daß die Kreter keine Lügner waren!

Apostelgeschichte 17,16–34 Als Paulus nach Athen kam, predigte er dem areopagitischen Gerichtshof. Der Areopag war ein kleiner Hügel unterhalb der Akropolis, auf dem im klassischen Athen der oberste Gerichtshof zu Gericht saß. In den Tagen des Paulus kam der areopagitische Gerichtshof in der königlichen Stoa zusammen, wo auch Sokrates gerichtet wurde.

In jedem Fall gehörten Stoiker wie Epikureer zur Hörerschaft des Paulus. In seiner Rede zitiert Paulus »Auch wir sind seine Kinder« wahrscheinlich aus den *Phenomena* des Aratus, eines Dichters, der um 270 v. Chr. in Kilikien lebte. (Diese Formulierung kommt auch bei Kleanthes im *Hymnus auf Zeus* vor. Der erste Teil dieses Verses, »Denn in ihm leben, weben und sind wir«, erinnert an eine Zeile, die sich ebenfalls bei Kleanthes findet, sowie in dem bereits angeführten Gedicht des Epimenides, in dem es weiter heißt: »In dir, leben, weben und sind auch wir.«)

2.Korinther 9,8
1. Timotheus 6,6 An zwei Stellen benutzt Paulus auch den stoischen Begriff *autarkeia*, allerdings nicht im stoischen Sinne einer unabhängigen Selbstgenügsamkeit. Vielmehr interpretiert er ihn neu als Zufriedensein mit Gottes Fürsorge.

Als Paulus in Korinth verhaftet wurde, wurde er vor dem Statthalter Gallio, einem Bruder Senecas, angeklagt. Eine in Delphi gefundene Steininschrift aus dem Jahre 52 n. Chr., die sich auf Gallio bezieht, ermöglicht es, den Aufenthalt des Pau-

---

Die Lehren der Stoa

Die Stoiker waren Pantheisten; sie lehrten, daß die Welt von einem Gott durchdrungen und beherrscht sei, der alles aus seinem eigenen Sein geschaffen habe, einem »intelligenten, feurigen Atem«. Obwohl der stoische Gott grundsätzlich unpersönlich war, redeten z.B. Kleanthes und Epiktet ihn als »Zeus« an. Der Stoizismus vermochte alle Arten von Volksreligionen und astrologischen Anschauungen zu integrieren, indem er sie als Allegorien interpretierte.

Die Stoiker glaubten, der Mensch selbst und insbesondere sein Geist, seien göttlich. Indem er seinen Willen der Vorsehung unterwarf, strebte der Stoiker danach, in Harmonie mit der Welt zu leben. Er bemühte sich darum, Selbstgenügsamkeit zu erreichen und Leidenschaften zu vermeiden.

So heißt es bei Epiktet: »Es ist besser, zu verhungern und so von Kummer und Furcht erlöst zu werden, als im Überfluß mit Beunruhigung zu le-

ben; und es ist für deinen Sohn besser, glücklich zu sein, als für dich, unglücklich zu sein.« – »Wenn du dein Kind oder deine Frau küßt, sage, es ist einfach ein Mensch. Wenn sie sterben, wird es dich nicht angehen.«

Selbstmord war für die Stoiker der höchste Beweis menschlicher Freiheit. Sie glaubten nicht an die Unsterblichkeit, oder sie war ihnen gleichgültig. Sie glaubten, die Seele sei dazu bestimmt, am Ende der Welt wieder in die Weltseele aufgenommen zu werden.

lus in Korinth recht genau zu datieren. Theoretisch könnte Paulus Seneca selbst begegnet sein, aber für ein solches Zusammentreffen haben wir keinen Anhaltspunkt. Im 3. Jh. waren jedoch eine Reihe von Briefen im Umlauf, die zwischen Paulus und Seneca ausgetauscht worden sein sollen. Der christliche Führer Hieronymus hielt sie für echt.

Hieronymus: 348–420

Die Epikureer

Epikur: 341–270 v.Chr.

Unter den Hörern der Rede des Paulus in Athen waren die Epikureer, die Vertreter der zweiten bedeutenden hellenistischen Philosophie. 310 gründete Epikur von Samos ein Sanatorium in Mytilene auf Lesbos für an Nervenstörungen oder Depressionen Leidende. 306 kam er nach Athen und baute eine Gemeinschaft auf, die Frauen und Sklaven einschloß.

Epikur nahm die Ideen des Demokrit von Abdera auf, der meinte, die Welt und alles in ihr sei durch die zufällige Kombination kleiner unteilbarer Atome aufgebaut. Auch wenn es Götter gibt, sind sie doch weit weg und haben kein Interesse an den Angelegenheiten der Menschen. Wir müssen uns deshalb von Aberglauben und Todesfurcht freimachen.

Demokrit: 460–370 v.Chr.

Epikur, der selber an einem Magen- und Nierenleiden krankte, lehrte, daß man nach Annehmlichkeit und Ruhe streben solle. Wahres Glück bestehe in einem Leben frei von Schmerz, das man in stiller Zurückgezogenheit, umgeben von Freunden lebt. Er selbst war weit davon entfernt, ein Hedonist zu sein, der nur den fleischlichen Genüssen lebt. Er bemerkte, daß »die Freuden der Liebe keinem Manne jemals genützt haben und er glücklich ist, wenn sie ihm keinen Schaden tun«.

Doch als seine Lehren Rom erreichten, verbannte der Senat 173 v. Chr. zwei epikurische Philosophen, weil sie die Leute lehrten, ihrer »Lust« zu leben. Im 1. Jh. v. Chr. wurden epikureische Gedanken von dem Dichter Lucrez ausgedrückt.

Die Epikureer glaubten nicht an die Unsterblichkeit. Den Gedanken an die Auferstehung hätten sie als lächerlich abgetan. Sie glaubten, nach dem Tode fielen die Atome, aus denen ein Mensch besteht, einfach auseinander und fügten sich wieder zusammen. Eine epikureische Grabinschrift lautet: »Ich war nicht, ich war, ich bin nicht, es kümmert mich nicht.« Vulgäre Epikureer zogen die logische Folgerung, die eine andere Grabschrift so ausdrückt: »Iß, trink, spiel und komm hierher.«

1.Korinther 15,32

Dies kommt dem Zitat bei Paulus nahe: »Laßt uns essen und trinken, denn morgen sind wir tot.«

Die epikureischen Lehren waren für Christen ganz unannehmbar. Hieronymus behauptete, Lucrez habe an Irrsinnsanfällen infolge eines Liebestrankes gelitten. Ganz allmählich verschwand epikureisches Denken zwischen dem 2. und 4. Jh. n. Chr.

Vorderasiatische Religionen

Der römische Schriftsteller Juvenal klagte: »In den Tiber ergießt sich der Schlamm und Schmutz des Orontes; sein Lallen und Lärmen, seine unschönen Harfen und Pauken bringt er.« Alle Arten von nahöstlichen Strömungen ergossen sich in den Strom des römischen Lebens. Mit ihren farbigen Riten und dem Versprechen der persönlichen Unsterblichkeit übten die vorderasiatischen Mysterienreligionen auf die Römer große Anziehungskraft aus.

Die Sibyllinen Nach der römischen Sage prophezeite die Sibylle von Cumae nahe Neapel dem Helden Aeneas, dem Stammvater der Römer, die Zukunft. Ihre in den *Libri Fatales* aufgezeichneten Prophezeiungen sollen Tarquinius dem Stolzen, dem letzten etruskischen König vor der Gründung der römischen Republik 509 v. Chr., bekannt gewesen sein.

Die ursprüngliche Sibylle, eine Priesterin des Apoll und der Hekate, kam aus Marpessos oder Erythrae im westlichen Kleinasien und wurde nach Cumae, einer der ersten griechischen Kolonien in Italien gebracht. Ihre Nachfolgerinnen lebten in einer 122 m in den Felsen geschnittenen Grotte. Die Sibylle verfiel in Trance und sprach ihre Orakel in einem Kauderwelsch, das dann in metrische Verse übertragen wurde. Die Orakel wurden aufgeschrieben und nach Rom überbracht, wo

Vorderasiatische Religionen

ein Priesterkollegium sie überprüfte. Bis 400 n. Chr. bewahrte man Abschriften auf.

Die Orakel unterstützten die Identifikation der griechischen Götter mit ihren römischen Pendants ebenso wie die Einführung vorderasiatischer Gottheiten. 496 v. Chr. wurden Demeter und ihre Tochter Persephone der Ceres und Liberia gleichgesetzt. Während einer Seuche 293 v.Chr. empfahlen die Orakel die Einführung des griechischen Heilgottes Asklepios (römisch *aesculap*).

Die »Große Mutter« Als Hannibal in Italien einfiel, befanden sich die Römer in einer verzweifelten Lage, als sich herausstellte, daß ihre Armeen den Karthagern nichts entgegenzusetzen hatten. Die Orakel empfahlen die Einführung des Kultes der Kybele, der »Großen Mutter« aus Kleinasien. 204 v. Chr. wurde ihrem Kultobjekt, einem schwarzen Meteoriten, auf dem Palatin, innerhalb der heiligen Grenzen Roms, ein Tempel gebaut. Ausländische Götter wurden gewöhnlich außerhalb dieser Grenze gehalten.

Kybele ist eine sehr alte Gottheit; man fand eine Statue von

Kybele, die »große Mutter« der Götter

Die Göttin Diana

ihr bei Catal Hüyük aus der Zeit um 7000 v. Chr. Der lateinische Dichter Ovid schrieb, daß sie sich in Attis, einen jungen Schafhirten, verliebte. Als Attis untreu wurde und sich in eine Nymphe verliebte, tötete Kybele sie. In seiner Verzweiflung kastrierte Attis sich selbst. Deshalb kastrieren sich die Kybele- und Attispriester ebenfalls selbst. Römern war es bis 102 n. Chr. nicht erlaubt, an dem Kult teilzunehmen; und als Kaiser Claudius ihn legalisiert hatte, war der oberste Priester des Kultes ein unkastrierter Römer.

Im Kybele- und im Mithraskult war ein blutiges Ritual üblich. Während seiner Initiation stand der Novize in einer Grube, und über ihm würde ein Stier oder manchmal ein Widder geschlachtet, so daß sich ein Strom warmen Blutes über ihn ergoß.

Die Kultfestlichkeiten, die *Megalensien,* wurden im Frühjahr abgehalten. Dabei gab es eine Prozession der Attispriester, die sich bei ihrer Klage über den Tod von Attis zur Begleitung von Trommeln und Zymbeln selbst peitschten. Vielleicht aufgrund christlichen Einflusses wurde im 2. Jh. n. Chr. der Auferstehungsgedanke in den Kult eingeführt.

Die Artemis von Ephesus

Der Tempel der Artemis (Diana) in Ephesus zählte zu den sieben Weltwundern. Die Artemis von Ephesus war eine kleinasiatische Fruchtbarkeitsgöttin, die wenig mit der griechischen Artemis, einer jungfräulichen Jägerin, gemein hatte. Ihre Statuen haben viele Rundungen auf der Brust, die man oft für Brüste gehalten hat. Wahrscheinlicher jedoch stellen sie Straußeneier, Fruchtbarkeitssymbole, dar.

Apostelgeschichte 19,21−41

Die Verkündigung des Apostels Paulus in Ephesus bedrohte die Silberschmiede, die ihren Lebensunterhalt mit der Produktion von Statuen der Göttin verdienten. Ein Mob von 25000 erbosten Ephesern strömte in das Theater und schrie zwei Stunden aus vollem Halse: »Groß ist die Diana der Epheser!« Bei einer anderen Gelegenheit wurden 45 Einwohner von Sardes angeklagt, Botschafter, die der Artemis Mäntel brachten, mißhandelt zu haben, und für ihr Verbrechen zum Tode verurteilt.

Isis und Serapis

Der römische Historiker Plutarch überliefert alte ägyptische Mythen, wonach der Gott Osiris von seinem Bruder Seth getötet wird: Der fängt ihn in einer Kiste, die dann ins Meer geworfen wird. Isis, seine Frau, kann ihn bei Byblos (Libanon) finden und erweckt ihn wieder zum Leben. Danach schneidet Seth ihn in 14 Teile. Isis belebt ihn wiederum, woraufhin Osiris zum König der Toten wird.

Ptolemäus I.: 323−285 v.Chr.

Um seine Untertanen zu vereinen, schuf König Ptolemäus I. Serapis, einen ägyptisch-griechischen Bastardgott, der Isis als neuer Partner dienen sollte. Sein Gesicht glich dem des Zeus. Doch Isis war es, die in der griechischen und römischen Welt außerordentlich beliebt wurde.

**Isis und Serapis mit dem dreiköpfigen
Kerberus, dem Wachhund des Hades**

Um 105 v. Chr. war der Isiskult in Puteoli und Pompeji nach
Italien eingeführt worden. Zwischen 58 und 48 v. Chr. versuchte der Senat den ägyptischen Kult zu verbannen, Augustus
später ebenfalls. 19 n. Chr. verkleidete sich ein Römer als der
Gott Anubis und verführte eine Frau im Isistempel. Zur Strafe
ließ Kaiser Tiberius das Bild der Isis in den Tiber werfen und
ihre Priester kreuzigen.

Caligula: 12–41 n.Chr. Caligula begünstigte den Isiskult. In seiner Regierungszeit
wurde auf dem Campus Martius ein großer Tempel für Isis und
Serapis gebaut. Die Kaiser Domitian und Commodus verehrten
sie ähnlich.

Isis, die auch Panthea genannt wurde, bekam in Hymnen, die
zu ihrem Lob gesungen wurden, die Eigenschaften aller ande-
ren Gottheiten verliehen: »Ich bin die Königin der Flüsse und
Winde und Meere. Ich bin die Königin des Krieges; ich bin die
Königin der Blitze.« Als Königin der Meere führte sie den
Vorsitz bei den Riten, die am 5. März die Eröffnung der
Schiffahrtsaison anzeigten. Die Bedeutung des Isiskultes ver-

um 150 deutlicht die Geschichte des Apuleius, *Metamorphosen* oder *Der
goldene Esel*. Lucius, der Held der Geschichte, wird durch Zau-
ber in einen Esel verwandelt und durch die Gnade der Isis
wieder zum Menschen.

Die ägyptischen Rituale waren exotisch und farbig. In den
Prozessionen gingen kahlrasierte Priester in weißes Leinen ge-
kleidet und Priesterinnen mit Rasseln. Der römische Schrift-

steller Juvenal verspottete die ägyptische Anbetung von Tiergottheiten: »Hier gebührt das höchste Lob dem hundsköpfigen Gott Anubis, der mit seinen in Leinen gekleideten, glatzköpfigen Mengen von Dienern herumläuft und sich über den Schmerz der Menschen lustig macht.«

Phönizische und syrische Gottheiten

Nach griechischem Mythos wurde Adonis, der anmutige junge Geliebte der Aphrodite, von einem Eber durchbohrt. Man glaubte, daß sein Blut jedes Jahr den Afqa, einen Fluß bei Byblos (Libanon) rot färbte. Frauen in aphroditischen Gewändern säten »Adonisfrüchte« – Pflanzen, die kurz blühen und dann vergehen – in Erinnerung an seinen Tod. Dem Kult des Adonis-Tammuz weihte Hadrian die Höhle in Bethlehem, in der nach der Tradition Jesus geboren worden war. Der Gedanke, daß Adonis vom Tod auferstand, entwickelte sich nicht vor dem 2. Jh. n. Chr.

Die oberste syrische Göttin war Atargatis aus der Stadt Hierapolis am Euphrat. Sie wurde manchmal als Meerjungfrau mit einem Fischleib dargestellt. Ihr Partner war der Sturmgott Hadad.

Ihre Priester waren wie die des Attis kastriert. Sie waren berüchtigte Bettler, die sich geißelten, um Aufsehen zu erregen und Almosen zu bekommen. Der Kult der Atargatis wurde in hellenistischer Zeit (3.–2. Jh. v. Chr.) von Sklaven, Händlern und Soldaten nach Griechenland und vielleicht auch Rom verbreitet. Der Historiker Sueton berichtet, daß Nero alle Riten außer denen der Atargatis verachtete. Kaiser Alexander Severus (222–235 n. Chr.) baute ihr in Rom einen Tempel.

Aphrodite war die Göttin der Liebe, der Schönheit und der Fruchtbarkeit. Diese Statue wurde auf Zypern gefunden und stammt aus dem 2. Jh. v. Chr.

Ein Teil der Säulenstraße aus dem 3. Jh. n. Chr., die die Stadt Palmyra durchzieht

Einer der beliebtesten syrischen Götter war Jupiter Dolichenus, der Stadtgott von Doliche zwischen der nordsyrischen Küste und dem Euphrat. Er wurde auf einem Stier stehend und die Symbole für Donner und Blitz in Händen haltend dargestellt. Im 2. und 3. Jh. n. Chr. verbreitete sein Kult sich vor allem durch Soldaten. Jupiter Dolichenus wurde in Rom auf dem Aventin in einem großen Tempel verehrt.

Ein weiterer wichtiger Gott war Jupiter Heliopolitanus aus Baalbek in der Beqa'a-Ebene im Libanon. Dort steht noch heute ein großer Gebäudekomplex, ein Zeugnis für den Genius der römischen Architekten. Die Kaiser Antoninus Pius, Septimius Severus und Caracalla ließen die Bauten errichten. Der riesenhafte, 106 m lange Jupitertempel ist der größte Tempel mit korinthischen Säulen, der je gebaut wurde. Von den 20 Meter hohen Säulen stehen noch sechs. Der kleinere Bacchustempel in Baalbek ist einer der besterhaltenen römischen Tempel.

Im Westen weniger bekannt waren die drei Götter Malakbel, Aglibol und Yarhibol aus der berühmten Oasenstadt Palmyra, dem biblischen Tadmor. Palmyra erreichte den Höhepunkt seiner Macht unter Königin Zenobia, die es 271 n. Chr. wagte, die Autorität Kaiser Aurelians herauszufordern. Die Stadt besitzt einige der ausgedehntesten und eindrucksvollsten römischen Ruinen im Nahen Osten. Der großartige Tempel der drei Götter in Palmyra steht in einem 225 Meter langen verwüsteten Säulenhof.

Die Frau des Kaisers Septimius Severus, Julia Domna, war die Tochter des Hohenpriesters des Sonnengottes von Emesa (Homs) in Syrien. Elagabal, ihr Großneffe, wurde als 14-jähriger Knabe Kaiser. Er war ein verweichlichter Hedonist, der Frauenkleider trug, auf Rosen ging und als besondere Delikatesse Straußenhirn aß. Er förderte den Sonnengott seiner Hei-

Elagabal: 218–222 n.Chr.

matstadt Emesa als höchsten Gott des Weltreiches. Mit diesem Vorhaben stieß er allerdings auf wenig Gegenliebe.

Aurelian: 270–275 n.Chr.

Kaiser Aurelian schlug Königin Zenobia und führte den Gott von Emesa als »die unüberwindliche Sonne« wieder ein. Er baute ihm einen prachtvollen Tempel in Rom. Der Geburtstag dieses Gottes, der gelegentlich mit Mithras identifiziert wurde, wurde am 25. Dezember, um die Zeit der Wintersonnenwende, des kürzesten Tages im Jahr, gefeiert. Der Geburtstag Jesu, der von manchen Kirchen am 6. Januar begangen worden war, wurde im 4. Jh. n. Chr. von den westlichen Kirchen auf den 25. Dezember gelegt. Augustin nötigte die Christen, nicht die Sonne anzubeten, sondern den, der sie gemacht hatte.

Der Mithras-Kult

Der persische Gott Mithras spielt in den zoroastrischen heiligen Schriften eine wichtige Rolle und erscheint auch in den vedischen Schriften. Sein Kult breitete sich 546 v. Chr. infolge der persischen Eroberungen unter Cyros nach Kleinasien aus. Die Königreiche von Pontus und Kommagene wurden in hellenistischer Zeit von Königen mit dem Namen Mithradates, »Geschenk des Mithras«, regiert. Die Vorstellung, daß sich der persische Kult durch die Tätigkeit der Magier direkt zu den römischen Mithras-Mysterien weiterentwickelte, läßt sich kaum belegen.

Der erste Kontakt zwischen Römern und Mithrasverehrern ergab sich aus der Unterwerfung der kilikischen Piraten durch

Ein Stier wird von dem Gott Mithras geopfert.

Pompejus 67–65 v. Chr. Viele Gelehrte haben vermutet, daß im Anschluß daran der Mithraskult in Rom eingeführt worden sei; doch das vorhandene Beweismaterial deutet auf ein wesentlich späteres Datum. Weder in Herculaneum, noch in Pompeji wurden mithraitische Denkmäler gefunden. Der Schreiber Statius erwähnt erst 80 n. Chr. die für die Mithrasmysterien zentrale typische Stierschlachtung.

Seit 140 n. Chr. wurde der Mithraskult vor allem durch Soldaten schnell in die Donauprovinzen, nach Germanien und bis nach Britannien verbreitet. Die höhlenartigen Heiligtümer enthielten gewöhnlich eine Statue, die eine Stierschlachtung durch Mithras darstellt. Die Kultteilnehmer glaubten, dieser Akt übertrage auf irgendeine Weise lebenspendende Kräfte. Andere Szenen in den Heiligtümern zeigen den Gott bei seiner Geburt aus einem Felsen. Mithras wird gewöhnlich von zwei Gestalten begleitet, die für die aufgehende und die untergehende Sonne stehen, Cautes und Cautopates. Männer, die in den Kult eingeweiht werden wollten, durchschritten sieben Stufen, die den sieben damals – einschließlich Sonne und Mond – bekannten Planeten entsprachen.

Im 3. Jh. n. Chr. war der Mithraskult zu einem der ernstesten Konkurrenten des Christentums geworden, obwohl es übertrieben ist zu behaupten, das Reich wäre mithraistisch geworden, wenn es nicht christlich geworden wäre. An manchen Orten standen Mithrasheiligtümer und Kirchen Seite an Seite. Kürzlich haben Archäologen bei Cäsarea in Palästina ein Mithrasheiligtum, wahrscheinlich aus der Zeit Kaiser Julians (361–363 n. Chr.), gefunden.

Ägyptische Astrologie

Eine bedeutende Sammlung astrologischer und theosophischer Schriften aus Ägypten sind die Hermetika. Sie stammen angeblich von Hermes Trismegistos (griechischer Name für den ägyptischen Weisheitsgott Thoth). Die »gewöhnlichen« Hermetika, von denen einige möglicherweise bereits im 3. Jh. v. Chr. geschrieben wurden, handeln von Astrologie und Magie.

Die bedeutsameren »gelehrten« Hermetika wurden im 2. und 3. Jh. n. Chr. verfaßt. Es sind religiöse und philosophische Schriften, die merklich von Platonismus und Stoizismus beeinflußt sind. Sie sind in griechischen, lateinischen und koptischen Handschriften überliefert. Eine von ihnen, der Mythos von *Kore Kosmou,* beschreibt, wie die Seelen der Menschen bis zu ihrer Befreiung durch Isis und Osiris in Körper eingeschlossen waren.

Manche Schriften deuten an, daß in der himmlischen Ordnung ein einziger, unsichtbarer Gott wahrgenommen werden könne. Andere behaupten, Gott habe einen Zweiten Geist, den *Demiurgos,* geboren, der die Planeten und den »Menschen« geschaffen habe, der durch seine Vereinigung mit der Natur die Menschheit hervorgebracht habe. Der Mensch ist demnach ein zweifaches Wesen; sein Körper hält seine Seele gefangen und unterwirft sie dem astrologischen Schicksal. Doch kann der Mensch wiedergeboren werden, wenn er Verstand empfängt und seine Sinne unterdrückt; ein Eingeweihter kann nach dem Tode zur Vereinigung mit den himmlischen Göttern aufsteigen.

Obwohl manche hermetischen Schriften beinahe gnostisch anmuten, wird die Schöpfung im Hermetizismus nicht als ihrem Wesen nach böse verstanden; und der Demiurg ist kein Gegenspieler, sondern der Sohn des höchsten Gottes.

Die Gnostiker Die Gnostiker waren Anhänger verschiedener religiöser Bewegungen in den ersten nachchristlichen Jahrhunderten, die betonten, daß die Menschen durch eine geheime Erkenntnis oder *gnosis* (griech. »Erkenntnis«) gerettet werden könnten. Die deutlichsten Hinweise auf diese Gruppen finden sich in christlichen Schriften des 2. Jh. Sie betrachteten die verschiedenen gnostischen Gruppen als häretische Perversion des Christentums.

Heutzutage hält man den Gnostizismus als religiöse Bewegung für unabhängiger vom Christentum, ist sich aber nicht darüber einig, wie er entstand. Deutsche Wissenschaftler definieren den Begriff »Gnostizismus« ziemlich weit, so daß sie seine Spuren überall da finden, wo für die Erlösung Wert auf eine »Erkenntnis« gelegt wird, wie etwa in den Schriftrollen vom Toten Meer. Andere sprechen nur da von Gnostizismus, wo auch vom Gegensatz zwischen der reinen geistlichen und der bösen, unreinen materiellen Welt gesprochen wird. Sie halten die dualistische Weltsicht für grundlegend für den Gnostizismus.

Bis zum 19. Jh. beruhte das Wissen über die Gnostiker vollständig auf den Schriften christlicher Führer wie Justin Martyr, Irenäus, Origenes oder Tertullian. Manche von ihnen überlieferten Ausschnitte aus gnostischen Dokumenten, doch das meiste Material findet sich bei ihnen in Form von Gegenargumenten. Wissenschaftler waren deshalb nicht sicher, wie zuverlässig dieses Material ist. Neuere Entdeckungen, wie die Texte von Nag Hammadi, haben manches von dem bestätigt, was christliche Schreiber über die Gnostiker zu sagen hatten. Frühe Christen hielten Simon Magus, der von Petrus und Johannes die wunderwirkende Kraft des Heiligen Geistes kaufen wollte, für den Vater aller Häresien. Er wird jedoch nicht als Gnostiker, sondern als Magier beschrieben. Anders als die späteren Gnostiker behauptete er, göttlich zu sein, und lehrte, daß Erlösung etwas damit zu tun habe, *ihn* zu kennen und nicht sich selbst. Er besaß sogar die Vermessenheit, eine Prostituierte für die Reinkarnation der Helena von Troja zu erklären.

Apostelgeschichte 8,9–24

Simon hatte einen samaritischen Anhänger namens Menander, der gegen Ende des 1. Jh. in Antiochien lehrte. Er erzählte seinen Anhängern, daß die, die an ihn glaubten, nicht sterben würden. Sein eigener Tod erwies ihn natürlich als falschen Propheten.

Ebenfalls in Antiochien lehrte zu Beginn des 2. Jh. Saturninus, der glaubte, daß Christus der Retter sei. Wie andere Gnostiker meinte er jedoch, Christus sei nur scheinbar Mensch gewesen.

In Kleinasien lehrte Cerinthus. (Irenäus erzählt, daß der Apostel Johannes aus einem Bad in Ephesus floh, als er hörte, Cerinthus sei dort.) Cerinthus lehrte, Jesus sei nur ein Mensch gewesen, auf den der Christus als Taube hinabgestiegen sei. Da Christus nicht leiden konnte, verließ er Jesus vor der Kreuzigung. (Dieselbe Tradition findet sich im Koran: »Weder erschlugen noch kreuzigten sie ihn, sondern so erschien es ihnen nur.«)

Marcion aus Pontus war ein wichtiger, wenn auch kein typischer Gnostiker; von 137 bis 144 n. Chr. lehrte er in Rom. Er beharrte auf dem Glauben an Christus, wies aber die Menschlichkeit Jesu und die Auferstehung des Leibes zurück.

Weitere gnostische Lehrer waren unter anderem Basilides und sein Sohn Isidor, Karpokrates und sein Sohn Epiphanes. Sie alle lehrten in Alexandrien in Ägypten. Der bekannteste gnostische Lehrer war Valentinus, der in Alexandrien lehrte und im Jahre 140 n. Chr. nach Rom kam. Er hatte eine Anzahl fähiger Anhänger, darunter Theodot im Osten und Ptolemäus und Herakleon im Westen. Herakleons Kommentar zum Johannesevangelium ist der älteste bekannte Kommentar zu einem Buch des Neuen Testaments.

Die Lehre der Gnostiker

Im gnostischen Glauben besteht ein schroffer Dualismus. Einem unsichtbaren Gott steht ein Demiurg oder Schöpfer gegenüber, oft eine Karikatur des alttestamentlichen Jahwe. Manche lehrten, daß die Schöpfung der Welt aus dem Fall der *sophia* (griech. »Weisheit«) resultierte. Alle Gnostiker hielten die Schöpfung für böse. Allerdings sind göttliche Funken in manche »geistliche« Menschen eingeschlossen, die zur Erlösung bestimmt sind.

Diese »Geistlichen« kennen ihren himmlischen Ursprung nicht. Gott sendet ihnen einen Erlöser herab, der ihnen Erlösung in Form einer geheimen Erkenntnis *(gnosis)* bringt. Dadurch erweckt, entkommen die »Geistlichen« bei ihrem Tod dem Gefängnis ihres Körpers und durchqueren die Sphären feindseliger Dämonen, um mit Gott wiedervereinigt zu werden.

Da sie glaubten, daß die Erlösung allein auf dem Wissen über ihre »geistliche« Natur beruhe, führten manche Gnostiker einen gänzlich amoralischen Lebenswandel. Sie behaupteten, »Perlen« zu sein, die kein äußerer Schmutz beflecken könne. Karpokrates z.B. drängte seine Anhänger zu sündigen, und sein Sohn Epiphanes lehrte Promiskuität als Gesetz Gottes. Die Kainiten verehrten Kain und andere Bösewichte des Alten Testaments, und die Orphiten verehrten die Schlange, weil sie Adam und Eva »Erkenntnis« gebracht habe.

Die meisten Gnostiker hatten jedoch eine schroff negative Einstellung gegenüber Sexualität und Ehe. Die Erschaffung der Frau war die Quelle allen Übels; die Zeugung von Kindern vermehrte nur die Zahl der von den Mächten der Finsternis gebundenen Seelen.

Obwohl es keine entsprechenden Dokumente gibt, haben manche Gelehrte vorchristliche Wurzeln des Gnostizismus vermutet. Sie meinen, direkte und indirekte Anspielungen auf den Gnostizismus schon im Neuen Testament, insbesondere in den johanneischen und paulinischen Schriften, zu entdecken. Aber viele von diesen Abschnitten können nichtgnostisch erklärt werden. Der sicherste Schluß ist, daß es am Ende des 1. Jh. eine Frühform des Gnostizismus gab. Insgesamt ist es leichtfertig den vollentwickelten Gnostizismus des 2. Jh. aus älteren Texten herauszulesen.

DAS RÖMISCHE WELTREICH

Der Plebs, Cicero, Pompejus, Cäsar, Augustus, Marc Aurel, Konstantin: Die Geschichte der römischen Republik und des späteren Weltreiches ist voll klangvoller Namen. Beinahe 1000 Jahre, vom Anfang der Republik 509 v. Chr. bis zur Eroberung Roms durch die Westgoten 410 n. Chr., beherrschte die Kultur der Römer Europa und den Nahen Osten. Die lateinische Sprache, von der Französisch, Spanisch und Italienisch abstammen, blieb bis in das 18. Jh. die Sprache der Diplomatie und wird noch heute bei der wissenschaftlichen Klassifizierung verwandt.

Aber die römische Kultur errang ihren Sieg nicht ohne Bitterkeit und Blutvergießen. Die Geschichte Roms war nicht immer so glänzend wie seine Bauten und philosophischen Systeme.

Die Entstehung
des Weltreiches

Die Gründung Roms

Nach der Legende, die der römische Historiker Livius überliefert, wurde Rom von den Zwillingen Romulus und Remus gegründet. Die Römer zählten die Jahre »seit Gründung der Stadt«, auf Lateinisch *AUC* für *ab urbe condita,* was 753 v.Chr. entspricht. Archäologen haben Belege gefunden, die das traditionelle Datum der Gründung Roms bestätigen. Sie gruben auf dem Palatin rohe Hütten und in der Gegend des Forums Gräber und Brandspuren aus dieser Zeit aus.

Virgils epische Dichtung »Die Aeneas« verfolgt die Vorfahren von Romulus und Remus bis zu Aeneas, dem trojanischen Helden zurück. Spätestens seit dem 5. Jh. vor Chr. war diese Sage in Italien geläufig. Jedoch werden die frühen Kontakte Roms mit Kleinasien, in Wirklichkeit anders als in der Sage, in der Herkunft der geheimnisvollen Etrusker liegen. Sie hatten eine blühende Kultur nördlich von Rom und stellten im 6. Jh. v. Chr. die letzten römischen Könige.

Vor der Gründung der Republik wurde Rom von Etruskerkönigen regiert. Diese Figur aus dem 4. Jh. v. Chr. zeigt einen etruskischen Bauern und seine Frau hinter einem Ochsenpflug.

Die Etrusker waren geschickte Metallbearbeiter. Diese Goldspange wurde von einem etruskischen Handwerker um 650 v. Chr. hergestellt.

Die römische Republik

509 v. Chr. wurde der letzte etruskische König aus Rom vertrieben. Eine Republik wurde errichtet, die bis 27 v. Chr. bestand. In Blöcken wählten verschiedene Bürgerversammlungen die Magistraten. Doch Rom war keine Demokratie, in der einzelne Bürger in ihren Versammlungen Gesetzesvorlagen vorschlagen und beraten konnten. Die wirkliche Macht lag in den Händen weniger, die von den *Consuln,* den beiden obersten Magistraten, angeführt wurden.

In den ersten Jahrhunderten der Republik kämpften die aristokratische Patrizierklasse und die Masse der Plebejer gegeneinander. Mit der Drohung, abzufallen und einen Staat im Staate zu bilden, versuchten die Plebejer, Zugeständnisse zu erreichen. 494 v. Chr. wurden ihnen eigene Beamte, die sogenannten *Tribunen,* gegeben. Sie waren vor Verhaftung geschützt (waren »Sakrosankt«) und hatten das Recht zum *Veto* (lat. »Ich verbiete«) gegen Vorhaben des Senats. Ihre Zahl wurde nach und nach von zwei auf zehn erhöht, doch arbeiteten sie nicht sonderlich effektiv, da sie Einstimmigkeit erzielen mußten, um ein Veto einlegen zu können.

449 v. Chr. wurde das Zwölf-Tafel-Gesetz, das jeder römische Knabe auswendig lernte, abgefaßt und veröffentlicht. Obwohl es nur allgemeine Regeln aufstellte, markierte es den Beginn der großen römischen Rechtstradition, die später durch kasuelles Recht wie durch Gesetze erweitert wurde. 445 wurde ein

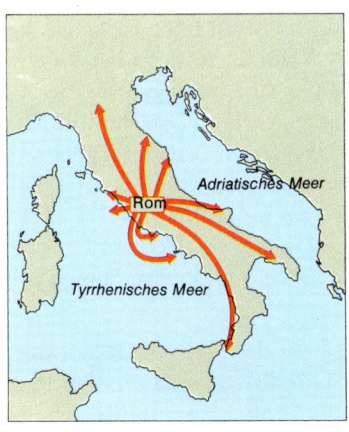

Ausdehnung des
römischen Reiches

201 v. Chr.
44 v. Chr.
14 n. Chr.
138 n. Chr

Das römische Weltreich

Gesetz verabschiedet, das Ehen zwischen Angehörigen der patrizischen und der plebejischen Klasse erlaubte; es führte zum praktischen Verschwinden der Unterschiede zwischen den Klassen.

Erste Ausdehnung Roms

Während des 4. und 3. Jh. v. Chr. weiteten die Römer ihr Herrschaftsgebiet allmählich auf ganz Italien aus. Zunächst wandten sie sich gegen die wohlhabenden Etrusker im Norden und eroberten 396 v. Chr. nach zehnjähriger Belagerung das nahegelegene Veji. Nach der Plünderung Roms durch die Kelten 390 v. Chr. erlitten die Römer zeitweilig einen Rückschlag, doch unterwarfen sie schon bald ihre einstmaligen lateinischen Verbündeten im Süden. In einer Reihe erbitterter Kriege im 3. Jh. v. Chr. schlugen sie die starken Samniten in Süditalien und unterwarfen dann die Umbrier im Norden.

Vielen ihrer geschlagenen Gegner gaben die Römer lateinische Rechte, die ihnen das persönliche Privileg des Bürgerrechts einschließlich der Ehe- und Handelsrechte einräumten. An den verschiedenen Grenzen der italienischen Gebiete wurden Verteidigungskolonien mit römischen Bürgern gegründet.

Eroberungen der Römer

Durch die römische Expansion bedroht, bat die griechische Stadt Tarent in Süditalien Pyrrhus, einen Vetter Alexanders des Großen, um militärische Unterstützung gegen die Römer.

Mit seiner Armee von 20 000 Soldaten und zwölf Elefanten kam er ihrer Bitte nach. Obwohl er zwischen 280 und 275 v. Chr. Siege errang, erlitt er so große Verluste, daß er sagte: »Noch solch ein Sieg, und ich bin verloren.« (Daher haben wir den Begriff »Pyrrhussieg«.)

Mit jedem Gefecht mit einem neuen Feind verbesserten die gewandten Römer ihre Kriegstaktik. Bis zum 3. Jh. v. Chr. waren sie in der Lage, Angriffskriege zu führen, auch wenn sie behaupteten, sie führten sie zur Verteidigung.

Das Fehlen einer Flotte machten die Römer im ersten punischen Krieg gegen die phönizische Kolonie Karthago in Nord-

Im 5. Jh. v. Chr. war Karthago, ursprünglich ein phönizischer Hafen, Hauptstadt eines großen Reiches. Als die Römer sie 146 v. Chr. eroberten, schleiften sie die Stadt. Diese Ruinen stammen aus römischer Zeit.

afrika dadurch wett, daß sie schleunigst ein erbeutetes punisches Schiff nachbauten. Sie erfanden den Enterhaken, der dazu eingesetzt werden konnte, feindliche Schiffe bewegungsunfähig zu machen, bevor sie geentert wurden. Ihre Siege verschafften den Römern ihre ersten Überseegebiete, die Inseln Sizilien, Korsika und Sardinien.

Die schmachvolle Niederlage und die von den Römern auferlegten schweren Kriegszahlungen konnte Karthago nicht ertragen, und so begann Hannibal den zweiten punischen Krieg, indem er von Spanien her angriff und mit seinen Truppen und Elefanten über die Alpen nach Norditalien zog. Er schlug die Römer am Fluß Trebia, am Trasimenischen See und bei Cannae. Seine Überlegenheit verdankte er seiner geschickten Taktik und seiner numidischen Reiterei. Obwohl er Rom nicht einnehmen oder Roms Verbündete vertreiben konnte, zog er 12 Jahre lang nahezu ungestört die italienische Halbinsel hinauf und hinunter. Doch schließlich lenkte der römische General Scipio Africanus ihn ab, indem er Karthago selbst bedrohte; er schlug Hannibal 202 v. Chr. bei Zama.

Der Magistrat *(censor)* Cato, der jede Rede im Senat mit dem Ruf beendete, »Karthago muß zerstört werden«, verlangte den dritten punischen Krieg. Bald zerstörte Scipio Aemilianus die Stadt, und säte Salz auf die Äcker, um die Ernte zu vernichten.

Nachdem die Römer Hannibal besiegt hatten, wandten sie sich König Philip V. von Mazedonien zu, der sich mit Karthago verbündet hatte. In den mazedonischen Kriegen erwiesen sich die kleinen, 1000–2000 Mann starken Einheiten der römischen Legionen als zu beweglich für die starken, aber unbeweglichen mazedonischen Kampfeinheiten, die Phalanxen. Ein weiterer griechischer Aufstand durch den achaischen Bund führte 146 v. Chr. zur Zerstörung Korinths, das sich 100 Jahre lang nicht aus der Asche erhob.

Die mazedonischen Feldzüge brachten Rom große Schätze und ein Heer von Sklaven. Dagegen brachte der Krieg gegen die widerspenstige Stadt Numantia in Spanien nichts als Mühsal. Zurückkehrende Soldaten mußten entdecken, daß ihre Familien während ihrer langen Abwesenheit ihre Höfe verkauft hatten, um überleben zu können.

Diese Notsituation trieb zwischen 133 und 123 v. Chr. die Gracchen dazu, Reformen anzustreben. Sie wollten den Landbesitz neu aufgeteilt sehen. Aber die wohlhabenden Aristokraten *(Optimaten)* waren nicht bereit, der Volkspartei *(Popularen)* irgendwelche Zugeständnisse zu machen. Sie reagierten, indem sie 133 zunächst Tiberius und 123 v.Chr. dann seinen Bruder Gaius Gracchus töteten.

Die tiefe Feindschaft zwischen diesen beiden Parteien brach in einen erbitterten Bürgerkrieg zwischen den Anhängern der *Popularen* unter Marius und denen der *Optimaten* unter der Führung Sullas aus. Der Kriegsheld Marius hatte den Numiderfürsten Jugurtha geschlagen und Rom 192 und 101 v. Chr. vor einfallenden Germanenhorden gerettet. Obgleich er ein »Neu-

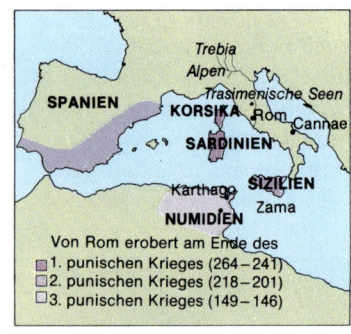

Die punischen Kriege

Von Rom erobert am Ende des
- 1. punischen Krieges (264–241)
- 2. punischen Krieges (218–201)
- 3. punischen Krieges (149–146)

200–196, 171–167 v.Chr.

143–133 v.Chr.

Jugurtha: 112–106 v.Chr.

Links: Ein punischer Brunnen und ein Grab in Utica in Tunesien – eine der vielen Städte, die am Ende des dritten punischen Krieges an die Römer fielen

Rechts: Ein Teil der Via Appia, der römischen Straße, die Schauplatz der Massenhinrichtung nach dem erfolglosen Spartakusaufstand war

er« war, das erste Mitglied einer unbekannten Familie, das ein Staatsamt erreicht hatte, war er mehrmals zum Konsul gewählt worden. Dieses höchste Amt ging eigentlich nur an adlige Familien, die unter ihren Vorfahren Konsuln hatten.

88 v. Chr. wurde Sulla zum General ernannt, um sich mit Mithradates, einem ehrgeizigen König in Pontus in Kleinasien auseinanderzusetzen. Dieser hatte ein Kesseltreiben gegen die geizigen römischen Geschäftsleute und Steuereintreiber begonnen, die in Kleinasien eingefallen waren, nachdem der letzte König von Pergamon 133 sein Reich den Römern vermacht hatte. Mithradates ließ 80000 Römer an einem einzigen Tag niedermetzeln. Obwohl er gezwungen war, die Bedingungen Sullas anzunehmen, sollte er sich als zäher Gegner erweisen.

Innere Unruhen

Das letzte Jahrhundert der Republik war von gewaltsamen inneren Auseinandersetzungen gekennzeichnet. Nach dem Vorbild Sullas, der als erster mit seiner Armee auf Rom marschierte, benutzten römische Generale ihre Gefolgsleute, um ihre Politik durchzusetzen.

90–88 v.Chr.

Unruhe unter den Italienern führte zum Sozialkrieg. Er endete damit, daß praktisch allen italienischen Verbündeten Roms das Bürgerrecht gewährt wurde. Unruhe unter den Gladiatoren und Sklaven führte zum berühmten Aufstand unter dem Gladiatoren Spartakus, dessen zusammengewürfelter Haufen mehrere römische Armeen besiegte. Nachdem Crassus und Pompejus den Aufstand schließlich niedergeworfen hatten, kreuzigten sie 6000 Rebellen entlang der Via Appia.

73–71 v.Chr.

Da die Römer die Flotte von Rhodos zerstört hatten, wurden Piratenüberfälle so häufig, daß sie den römischen Handel und die lebenswichtigen Getreidelieferungen bedrohten. Um sie zu unterwerfen, wurden Pompejus für drei Jahre unbegrenzte Befugnisse übertragen. In der Tat erledigte er seine Aufgabe in drei Monaten, unterwarf weiterhin große Teile Kleinasiens und machte Palästina zur römischen Provinz.

67–63 v.Chr.

Obwohl ein »Neuer Mann« erreichte Cicero 63 v. Chr. aufgrund seiner Brillanz als Redner und Schriftsteller die Wahl zum Konsul. Seine größte Stunde erlebte er bei der Aufdeckung der catilinischen Verschwörung, doch er trübte sein Ansehen, da er seine Leser dauernd an sein Verdienst erinnerte.

Enttäuscht von der Konservativität im Senat trafen drei ehrgeizige Politiker 60 v. Chr. ein geheimes Abkommen, das sogenannte »erste Triumvirat«. Es waren Pompejus, Cäsar und Crassus. Crassus, der reichste Mann seiner Zeit und auf militärischen Ruhm aus, führte einen unglücklichen Feldzug gegen die Parther. 53 v. Chr. wurde sein Heer bei Carrahe von den Parthern eingekreist. Die Römer erlitten eine ihrer schwersten Niederlagen und verloren 20 000 Soldaten.

Links: Gaius Julius Cäsar, der General, der Diktator von Rom wurde

Rechts: Marc Anton, einer der Regenten des Reiches nach Cäsars Ermordung

Gaius Julius Cäsar Nach seinem Jahr als Konsul verließ Cäsar Rom und wurde Statthalter (Prokonsul) in Gallien. Zwischen 58 und 51 v.Chr. schlug er dort unzählige keltische und belgische Armeen, wobei er Hunderttausende tötete. Zweimal fiel er in Britannien ein, das jedoch erst nach dem Einmarsch Kaiser Claudius' 43 n. Chr. römische Provinz wurde.

Als Pompejus den Senat überredete, Cäsar am Ende seiner Zeit als Prokonsul zum Niederlegen der Waffen aufzufordern, provozierte Cäsar sie durch Überschreiten des Rubikon 49 v. Chr. Das war eine offene Kriegserklärung. Im nun folgenden Bürgerkrieg waren die Anhänger des Pompejus denen Cäsars zahlenmäßig überlegen. Aber 48 v. Chr. schlug Cäsar Pompejus auf den Feldern von Pharsalus in Nordgriechenland entscheidend. In der Hoffnung auf Zuflucht in Ägypten floh Pompejus nach Alexandrien, wo er jedoch bei der Ankunft ermordet wurde.

Auf den Spuren seines Feindes zog Cäsar ebenfalls nach Ägypten und wurde dort von Königin Kleopatra betört. Nachdem er sich mit Hilfe der Juden aus einer schwierigen militärischen Situation in Alexandrien befreit hatte, rottete er in kürzester Zeit alle Widerstandsnester aus. Er hatte große Pläne und Reformen vor: Er revidierte den Kalender (mit geringen Änderungen durch Papst Gregor benutzen wir seinen »julianischen« Kalender noch heute) und plante eine Kolonie in Korinth. Doch weil er sich arrogant die Macht eines Diktators aneignete, verschworen sich einige seiner engsten Freunde und ermordeten ihn am 15. März 44 v. Chr.

Mit einer flammenden Rede brachte Antonius das Volk in Aufruhr gegen die Mörder, die es für klüger hielten, das Land zu verlassen. Sehr zu seinem Ärger stellte er fest, daß Cäsars Testament nicht ihn als Erben nannte, sondern Cäsars Großneffen Octavian zum Nachfolger bestimmte. Nach bitteren Fehden bildeten Antonius und Octavian mit Lepidus 43 v. Chr. zur Verfolgung der Mörder Cäsars das zweite Triumvirat. Eine ihrer ersten Taten war es, Cicero zum Tode zu verurteilen, der Antonius in einer Reihe von Reden erbittert angegriffen hatte.

Die entscheidende Schlacht wurde 42 v. Chr. bei Philippi in Mazedonien geschlagen. Brutus und Cassius, die Anführer der Verschwörer, wurden, zum Teil aufgrund mangelnder Kommunikation, entmutigt und begingen Selbstmord.

Die Sieger teilten das Reich: Antonius sollte den Osten und Octavian den Westen regieren. Antonius forderte Kleopatra auf, in Tarsus vor ihm zu erscheinen. Obwohl er mit der Schwester Octavians, der edlen Octavia, verheiratet war, wurde er von Kleopatra bezaubert. Angestachelt von der ehrgeizigen Königin ließ er sich schließlich von Octavia scheiden und erklärte Cäsarion, den Sohn Kleopatras, zu Cäsars rechtmäßigem Erben.

Doch 31. v. Chr. wurde die Flotte des Antonius vor der Bucht von Actium im Nordwesten Griechenlands von Octavians Admiral Agrippa ausmanövriert. Anstatt zu versuchen, seine entmutigten Truppen wieder zu sammeln, schloß er sich Kleopatra schamlos auf der Flucht an. Nach einem halbherzigen Versuch, Ägypten zu verteidigen, beging er Selbstmord. Kleopatra drückte sich eine Giftschlange an die Brust und wurde an der Seite von Antonius in Alexandrien begraben.

Herrscher des Weltreiches

Augustus:
27 v. Chr. – 14 n. Chr.

27 v. Chr. erhielt Octavian den Titel Augustus und wurde erster »Kaiser«, ein Titel, der vom Eigennamen *Cäsar* abgeleitet ist. In der Theorie war er nicht mehr als der oberste Senator. Doch da er in sich die Macht von Konsul, Tribun und anderen Ämtern vereinigte, hatte er keine Rivalen. Klug behielt er direkte Kontrolle über alle Provinzen, in denen der größte Teil der Truppen stand. Weise vermied er Cäsars Fehler und verhielt sich den Senatoren gegenüber ehrerbietig. Unter seiner Regierung reichte der römische Friede *(Pax Romana)* bis zur Donau und zum Schwarzen Meer.

Augustus, der erste römische Kaiser

Augustus war nicht nur der erste, sondern auch der größte Kaiser. Zu Recht verdiente er den Titel »Vater seines Landes«. Er verfügte viele weise und weitsichtige Maßnahmen in bezug auf Rom und die Provinzen. Er war stolz darauf, Rom aus einer Ziegelstadt in eine Marmorstadt verwandelt zu haben.

Seine tiefe Frömmigkeit, die im berühmten Friedensaltar in Rom gepriesen wird, veranlaßte ihn, 80 Tempel wiederherstellen zu lassen. Er bemühte sich auch, die Moral zu heben, und verbannte seine eigene Tochter Julia wegen ihrer Unsittlichkeit. Er versuchte durch familienfreundliche Gesetze die Geburtenrate zu erhöhen. Seine Volkszählungen deuten auf ein Ansteigen der Bevölkerung von 4233000 im Jahr 8 v. Chr. auf 4937000 im Jahr 14 n. Chr. Während seiner Regierung wurde Jesus in Bethlehem geboren, und nicht in Nazareth, da eine Volkszählung die Registrierung der Erwachsenen in ihrer Heimatstadt erforderte.

Lukas 2,1

Tiberius, der Kaiser zur Zeit der Kreuzigung Jesu

Tiberius: 14–37 n. Chr. Kaiser Tiberius war der Sohn Kaiserin Livias aus einer früheren Ehe. Obgleich er ein fähiger Soldat war, mochte Augustus ihn wegen seines mürrischen Wesens nicht. Tiberius wiederum war tief gekränkt über die schäbige Art, in der er behandelt wurde. So hatte man ihn z.B. gezwungen, sich von seiner geliebten Vipsania scheiden zu lassen und Augustus' ehebrecherische Tochter Julia zu heiraten.

26 n. Chr., im Alter von 67 Jahren, wurde er von Sejanus, dem hinterhältigen Führer der Prätorianergarde, überredet, sich in seine luxuriöse Villa auf der Insel Capri zurückzuziehen. Nach den Skandalgeschichten, die der Schriftsteller Sueton

überliefert, widmete sich der Kaiser Orgien und sadistischen Schauspielen und begab sich nur selten auf das Festland zurück. 31 n. Chr. wurde das raffinierte Spiel des Sejanus aufgedeckt und dieser kurzerhand hingerichtet. 30 oder 33 n. Chr. wurde Jesus unter dem Statthalter Judäas, Pontius Pilatus, einem Günstling des Sejanus, gekreuzigt.

Lukas 23,24–25

Gaius: 37–41 n. Chr.

Kaiser Gaius erhielt von den Truppen seines Vaters, des beliebten Germanicus, den Spitznamen Caligula, »Kinderstiefel«. Zunächst schien er ein guter Kaiser zu sein, doch bald stellte sich heraus, daß ein lasterhaftes Ungeheuer den kaiserlichen Thron innehatte. In äußerster Sittenlosigkeit beging er mit seinen Schwestern Inzest, erniedrigte Senatoren und handelte mit berechnender Grausamkeit. Der Größenwahnsinnige, der sich für göttlich hielt, drohte, im Jerusalemer Tempel sein Standbild aufstellen zu lassen. 41 n. Chr. wurde er ermordet.

Claudius: 41–54 n. Chr.

Gaius' Onkel Claudius war ein Gelehrter, der wegen seiner körperlichen Gebrechen vor seiner Thronbesteigung nicht sehr ernst genommen wurde. Infolge einer Kinderlähmung humpelte er, stotterte, und zuweilen lief ihm der Speichel aus dem Mund. Zur Überraschung aller wurde er ein sehr guter Kaiser. Er fügte dem Reich nicht weniger als fünf Provinzen hinzu, darunter Britannien und Mauretanien. Wichtige Verwaltungsämter, z.B. das Schatzamt, übertrug er Freigelassenen wie Pallas. Der Apostel Paulus, der den größten Teil seiner Missionstätigkeit in der Regierungszeit von Claudius durchführte, schmachtete zwei Jahre im Gefängnis, als Felix, ein Bruder des Pallas, Statthalter in Judäa war.

Apostelgeschichte 24,26

In der Wahl seiner Frauen war Claudius jedoch weniger weise. Messalina, seine erste Frau, war so unverschämt untreu, daß der Kaiser sich überreden ließ, sie hinrichten zu lassen. Wie ein zerstreuter Professor vergaß er manchmal, daß seine Frau hingerichtet worden war, und wunderte sich, warum sie beim Abendessen nicht am Tisch saß. Seine nächste Frau, die ehrgeizige Agrippina, ermordete ihn mit vergifteten Pilzen, damit ihr Sohn Nero Kaiser werden konnte.

Nero: 54–68 n. Chr.

Nero war der letzte der julisch-claudischen Kaiserlinie. Nach fünf »goldenen Jahren« unter der Führung von Seneca und Burrus entschied er sich, selbst zu regieren. Zunächst entledigte er sich seiner herrschsüchtigen Mutter, mußte aber dazu mehrere Anläufe unternehmen.

Obwohl alle römischen Historiker einhellig Nero für das große Feuer verantwortlich machen, das Rom 64 n. Chr. verwüstete, ist dies wenig wahrscheinlich. Es gab häufig Feuersbrünste, denn viele römische Häuser brannten wie Zunder. Um jeden Verdacht von sich abzulenken, machte Nero die Christen zu Sündenböcken und ließ sie in seinen Gärten hinrichten. Pau-

Kaiser Claudius, der Britannien zur römischen Provinz machte

Rechts: Nero, der erste Kaiser, der Christen verfolgte

lus und Petrus wurden wahrscheinlich während der anschlie-
ßenden Verfolgungen in Rom zu Märtyrern.

Nero soll, während Rom brannte, Leier gespielt haben. Er
bildete sich ernsthaft ein, ein Musiker zu sein, und suchte
wehrlose Zuhörer mit seinem Talent heim. Ein gemietetes Pu-
blikum spendete ihm unablässig Beifall. Als Bewunderer griechischer Kultur ging er nach Griechenland, um an den panhel-
lenischen Spielen teilzunehmen. Natürlich gewann er in allen
Wettbewerben den ersten Preis – selbst wenn er vom Wagen
gefallen war. Stolz stellte er all die goldenen Kronen, die er
gewonnen hatte, in seinem prunkvollen goldenen Haus zur
Schau, das er nach dem großen Feuer hatte errichten lassen.

Als verschiedene Verschwörungen gegen ihn geplant wurden,
geriet er in Panik. Er befahl Männern wie Seneca und Gallio,
Selbstmord zu begehen. Als das Ende kam, verließ ihn seine
Leibwache, und mit Hilfe eines Sklaven beging auch er Selbstmord. Sein Thron wurde im Jahre 69 in rascher Aufeinanderfolge von Calba, Otho und Vitellius eingenommen.

Oben: Vespasian, der Sohn eines Steuereintreibers, gelangte in der Armee zu Macht.

Rechts: Das Forum von Pompeji mit dem Vesuv im Hintergrund

Die Flavier

Vespasian: 69–79 n.Chr.

Titus: 79–81 n.Chr.

Domitian: 81–96 n.Chr.

Nerva: 96–98 n.Chr.

Vespasian war der erste Kaiser aus der Familie der Flavier. Der begabte Feldherr hatte in Britannien und Judäa gedient. Seinen Sohn Titus ließ er in Judäa, um die Maßnahmen gegen die Juden zum Ende zu bringen. Seine Hauptaufgabe war die Konsolidierung der Finanzen, die Nero so verschwenderisch ruiniert hatte. Er hatte Erfolg mit einer rigorosen Finanzpolitik, die bis zur Besteuerung der öffentlichen Toiletten ging.

Titus war wegen seiner Großzügigkeit allenthalben beliebt. Seine kurze Regierungszeit war gekennzeichnet von einem weiteren Brand Roms, einer Seuche und dem unerwarteten Ausbruch des Vesuv im Jahre 79. Der Vulkan begrub die Stadt Herculaneum unter dem Schlamm einer Flutwelle und Pompeji unter einem Asche- und Lavaregen.

Domitian, der jüngere Bruder des Titus, war verbittert über die Art, in der Vater und Bruder ihn im Hintergrund gehalten hatten. Als er Kaiser wurde, regierte er als Despot. Er verlangte, als »Herr und Gott« angeredet zu werden und verfolgte Juden wie Christen. Domitians Schreckensherrschaft kam durch seine Ermordung zu einem abrupten Ende.

Nerva, der nächste Kaiser, diente vor allem als Interimskaiser, um ein Chaos wie im Jahre 69 zu verhindern. Für seine Nachfolge wählte er Trajan, einen tüchtigen Spanier.

Nichtrömische Kaiser

Trajan: 98–117 n.Chr.

Trajan war der erste Provinzherrscher, der Kaiser wurde. In einer Reihe von militärischen Unternehmungen (101–106) eroberte er Dacien nördlich der Donau (das heutige Rumänien). Zum Gedenken an diese Tat ließ er ein Spiralrelief auf einer Säule in Rom anfertigen, die heute von einer Statue des Apostels Petrus gekrönt wird. Er annektierte auch das Königreich der Nabatäer und die Provinz Arabien und entriß den Parthern zeitweise Armenien und Mesopotamien.

Die Christen im Urteil der Römer

Plinius' Brief an Trajan:
Ich pflege, o Kaiser, mein Herr, mich in allen Fragen, in denen ich mich in Zweifel befinde, an Dich zu wenden. Wer könnte mich besser leiten, wenn ich nicht weiter weiß, oder erleuchten, wenn ich unwissend bin? Ich habe nie an Untersuchungen gegen Christen teilgenommen; daher weiß ich nicht, welche Verbrechen bestraft werden oder wieviel Nachsicht geübt wird. Ich bin also in nicht geringer Unsicherheit darüber, ob in bezug auf das Alter unterschieden wird, oder ob die unbedeutendsten Vergehen genauso behandelt werden, wie die schwerwiegenderen; ob denen Gnade gewährt wird, die widerrufen; ob die Strafe dem Namen gilt unabhängig von den geheimen Verbrechen, oder den geheimen Verbrechen, die mit diesem Namen verbunden sind.
Bislang bin ich mit solchen,

Dieser Briefwechsel zwischen Trajan und Plinius, dem Statthalter von Bithynien, zeigt, wie weit sich das Christentum im 2. Jh. n. Chr. verbreitet hatte und wie man es behandelte.

die vor mir als Christen angeklagt waren, folgendermaßen verfahren: Ich fragte sie, ob sie Christen seien, und wenn sie gestanden, fragte ich unter Androhung von Strafe ein zweites und drittes Mal. Wenn sie dabei blieben, befahl ich ihre Hinrichtung; was sie auch gestanden haben mögen, Hartnäckigkeit und Verdorbenheit verdienen Strafe. Es gab andere von gleichem Wahnsinn; aber da sie römische Bürger waren, ließ ich sie aufschreiben zur Übersendung nach Rom.
Wie das oft der Fall ist, gab es die Anklage, einfach, weil sie Aufmerksamkeit erregte, öfter, und mehrere eindeutige Fälle kamen ans Licht. Eine anonyme Schrift, die viele Namen nannte, wurde überbracht. Ich hielt es für richtig, die, die angaben, nie Christen gewesen zu sein, laufen zu lassen, zumal sie auf meine Anweisung hin ein Gebet zu den Göttern sprachen, mit Weihrauch und Wein Deine Statue anbeteten, die ich zu diesem Zweck mit Statuen der Götter in das Gericht hatte bringen lassen, und schließlich Christus verfluchten – Dinge, zu denen wirkliche Christen angeblich nicht gezwungen werden können. Andere, die von dem Informanten genannt worden waren, sagten, sie seien Christen, leugneten es dann aber und erklärten, sie

seien es einmal gewesen, hätten aber aufgehört, es zu sein. Auch diese alle beteten Deine und die Götterstatuen an und verfluchten Christus.
Sie behaupteten aber, daß ihr einziger Fehler ihr Brauch sei, sich an einem bestimmten Tag vor Tagesanbruch zu versammeln und abwechselnd bestimmte Worte zu Christus als ihrem Gott zu sprechen; und daß sie sich selbst mit einem Eid verpflichteten, nicht etwa zu einem Verbrechen, sondern dazu, nicht zu stehlen oder ehezubrechen, ihr Wort nicht zu brechen und Zahlungen nicht zu verweigern.

Trajans Antwort an Plinius:
Du hast die richtige Richtung eingeschlagen, mein lieber Secundus, in der Behandlung der Fälle, in denen solche als Christen angeklagt wurden, denn allerdings kann keine allgemeine Regel bezüglich einer bestimmten Vorgehensweise festgelegt werden. Sie sollen nicht gesucht werden; wenn sie aber angeklagt und überführt werden, müssen sie bestraft werden – mit der Einschränkung, daß dem, der leugnet und das durch seine Tat beweist, aufgrund seiner Reue Verzeihung gewährt werden soll. Anonyme Schriften aber sollten in keinem Verfahren zugelassen werden, denn sie sind unserer Zeit nicht würdig.

Hadrian: 117–138 n.Chr.

Antoninus: 138–160 n.Chr.

Marc Aurel: 161–180 n.Chr.

Commodus: 180–182 n.Chr.

Die Severianer

Septimius Severus:
193–211 n.Chr.

Hadrian, ein weiterer Spanier und Verwandter Trajans, war als Bewunderer griechischer Kultur, rastloser Reisender und großer Baumeister bekannt. Er gab wohlweislich die gerade eroberten Gebiete von Armenien und Mesopotamien auf und zog die Ostgrenze des Reiches am Euphrat. Im Westen baute er den bekannten, nach ihm benannten Wall zwischen England und Schottland. Er baute das Pantheon Agrippas wieder auf und errichtete eine aufwendige Villa bei Tibur (Tivoli). In dem großen runden Mausoleum, das heute Engelsburg heißt, wurde er begraben. Während seiner Herrschaft brach der zweite große jüdische Krieg unter Bar Kochba aus (131–135).

Antoninus, sein Nachfolger, war der erste Kaiser aus Gallien. An ihm fielen seine Redlichkeit, Gewissenhaftigkeit und Milde so auf, daß er Pius genannt wurde. Sein Nachfolger Marc Aurel ist wegen seiner stoischen Philosophie und seinen *Meditationen* sehr bekannt. Seine Herrschaft war von Seuchen und von Invasionen entlang der Donau bestimmt. Er starb auf einem Feldzug bei Wien.

Sein unwürdiger Sohn Commodus war so vulgär, wie sein Vater vornehm war. Da er mehr an Gladiatorenkämpfen und Pferderennen interessiert war als am Regieren, war er ein totaler Versager. Er erlag einem Anschlag der Palastwache (der *Praetorianer*), die den Thron sofort an den Meistbietenden weiterversteigerte.

Nach der kurzen Herrschaft von Pertinax und Didius Julianus kam im Jahre 193 eine neue Linie von sechs Herrschern aus der Familie der Severianer an die Macht. Der erste von ihnen war Septimius Severus, der in Leptis Magna in Libyen zur Welt gekommen war. Die Severianer hatten diese Stadt verschwenderisch verschönert; ihre Ruinen gehören heute zu den ausgedehntesten und großartigsten in der Welt.

Caracalla: 211–217 n.Chr.

Caracalla befolgte den Rat seines Vaters: »Bereichere die Soldaten und verachte alle anderen.« 212 gewährte er allen Freien im Reich das Bürgerrecht, um die Steuereinnahmen und die Rekruten für die Armee zu vermehren. Damit wurde das römische Bürgerrecht eher eine Belastung als ein Privileg.

Elagabalus: 218–222 n.Chr.

Elagabalus führte den Sonnengott seiner Heimatstadt Emesa in Syrien als obersten Gott des Reiches ein. Er war verhaßt wegen seiner Dekadenz und Sittenlosigkeit und wurde von der Prätorianergarde getötet. Sein Nachfolger Severus Alexander (222–235) stammte aus Akko in Palästina. Er betete gleichermaßen zu Abraham, Jesus und Apollonius von Tyana. Zu dieser Zeit war das Reich von den Sassaniden aus Persien im Osten und den Barbaren in Germanien bedroht.

Septimius Severus verbrachte einen großen Teil seiner Regierungszeit auf Feldzügen, zunächst gegen die Parther und dann in Britannien, wo er starb.

Die Kaiser und das Christentum

Decius: 249–251 n.Chr.
Diokletian: 285–305 n.Chr.

In den nächsten fünfzig Jahren (235–185) herrschten nicht weniger als 26 Kaiser mit Kasernenvergangenheit in rascher Aufeinanderfolge. Einer von ihnen war Decius, der im gesamten Reichsgebiet eine Christenverfolgung auslöste.

Auch Diokletian aus Illyrien (Jugoslawien) begann, die Christen erbittert zu verfolgen. Er versuchte, die sich verschlechternde Wirtschaftslage durch Preisbindung zu verbessern. Diese Maßnahme verfehlte ihre Wirkung, da die Händler ihre Waren nicht zum Verkauf brachten oder zum Tauschhandel Zuflucht nahmen. Die Inflation galoppierte. Unter Diokletian stieg der Preis für einen Viertelscheffel Weizen von 100 auf 10 000 Denare.

Oben: Kaiser Konstantin

Unten: Portchester Castie in Hampshire in England wurde um 300 n. Chr. von den Römern zur Abwehr angelsächsischer Angriffe auf die Küste gebaut.

Diokletian versuchte, das Reich mit einem System von vier Herrschern, einer Tetrarchie, zu regieren: Er setzte je einen Augustus und einen Cäsar im Westen und im Osten ein. Im Westen war Konstantius Chlorus, der Vater Konstantins, der Cäsar. Nachdem Diokletian im Jahre 305 abgedankt hatte, brach um seine Nachfolge offener Krieg aus.

Konstantin behauptete, eine Vision gehabt zu haben, nach der er im Zeichen des *Chi-Rho* – der ersten beiden griechischen Buchstaben im Namen Christus – siegen werde. Im Jahre 312 schlug er Kaiser Maxentius in der Schlacht bei der Milvischen Brücke nördlich von Rom. Zusammen mit Licinius, dem Augustus im Westen, erließ Konstantin im Jahre 313 das Edikt von Mailand, in dem allen Religionen, einschließlich des Christentums, Toleranz gewährt wurde.

Von 324 bis 337 war Konstantin alleiniger Kaiser. Obwohl er selbst bis kurz vor seinem Tod noch nicht getauft war, begünstigte er offen das Christentum. Im Jahre 325 berief er das Konzil von Nicäa ein, eine wichtige Zusammenkunft der Christen zur Erörterung von Glaubensfragen. Im Jahre 330 gründete er die neue Hauptstadt Konstantinopel bei Byzanz. Seine Mutter Helena ließ in Bethlehem die Geburtskirche über der Geburtsgrotte und in Jerusalem die Grabeskirche errichten.

Die Verwaltung des Reiches

Die römische Provinzverwaltung

In der Zeit der Republik konnte Rom viele Überseeprovinzen dazugewinnen, in denen gewöhnlich ehemalige Konsuln (Prokonsuln) als Statthalter eingesetzt wurden. Anfangs gab es zwei Typen: »senatorische« Provinzen, relativ befriedete Gebiete, wurden von Prokonsuln verwaltet; die unruhigen Grenzprovinzen von kaiserlichen Gesandten. Vom 2. Jh. n. Chr. an regierte der Kaiser beide Arten von Provinzen. Ein besonderer Fall war die reiche Provinz Ägypten, die kein Senator ohne des Kaisers Erlaubnis aufsuchen konnte.

Wenige Statthalter waren so gerecht wie Cicero, der 51 v. Chr. Statthalter von Cilicien war; aber die Bevölkerung konnte wenig tun, um sich gegen korrupte Statthalter zu wehren, denn erst nach deren Amtszeit konnten Untersuchungen angestellt werden. Josephus schrieb über Albinus, den Statthalter Judäas von 62–64 n. Chr.: »Nicht nur, daß er kraft seines Amtes Privateigentum ausbeutete und das ganze Volk mit außerordentlichen Steuern belastete, sondern er nahm auch für die, die von lokalen Ratsversammlungen wegen Raubes eingesperrt wurden, von ihren Verwandten Lösegelder entgegen.« (Der Verfasser

Apostelgeschichte 24,26

der Apostelgeschichte deutet an, daß auch der Statthalter Felix von seinem Gefangenen, dem Apostel Paulus, Bestechungsgeld erhoffte.)

Ein besonders unangenehmer Ausdruck der Macht des Statthalters war sein Recht, Truppen einzuquartieren und Transport und andere Dienste zu beanspruchen. Darauf bezieht sich Jesus

Matthäus 5,41

wohl, als er sagt: »Wenn dich jemand nötigt *eine* Meile, so gehe mit ihm zwei.« Mit diesem Recht zwangen die römischen

Matthäus 27,32

Soldaten auch einen Passanten, Simon von Kyrene, das Kreuz Jesu zu tragen.

Der Statthalter residierte gewöhnlich in der Hauptstadt und machte regelmäßige Rundreisen durch seine Provinz; die laufenden Geschäfte wurden den örtlichen Beamten überlassen, Mitgliedern der Aristokratie. die Zeit hatten für Kommunalpolitik und genug Vermögen für die Dienste, die von ihnen erwar-

Römer 16,23

tet wurden. Erastus von Korinth, der vom Apostel Paulus zum Christentum bekehrt wurde, war der Stadtkämmerer. Eine lateinische Inschrift aus dem alten Korinth erwähnt einen Beauftragten für öffentliche Arbeit (Ädil) namens Erastus; gemeint ist wohl dieselbe Person.

Andere kommunale Beamte, die Lukas in der Apostelge-

Apostelgeschichte 17,6
Apostelgeschichte 19,31

schichte nennt, sind die Politarchen von Thessalonich und die Asiarchen von Ephesus, die Paulus vom Gang ins Theater ab-

Apostelgeschichte 19,35

halten wollten, weil dort ein Aufruhr drohte. Die Asiarchen gehörten zu den reichsten Männern der Provinz. Der Stadtschreiber *(Grammateus)* von Ephesus war der höchste Verwaltungsbeamte der demokratischen Stadt.

Das römische Steuerwesen

Römer und Provinzbewohner hatten alle möglichen Arten von Steuern zu bezahlen: direkte Steuern auf Land und Besitz *(Tributum)* und eine Vielzahl indirekter Steuern *(Vectigalia)*. Zur Zeit Cäsars waren in Judäa 12 % der Ernte abgabepflichtig. Jeder Erwachsene, einschließlich Frauen und Sklaven, mußten eine Personensteuer von einem Denar bezahlen – also einen Tageslohn. Es gab eine Umsatzsteuer von 1 % und eine Erbschaftssteuer von 5 %. Wenn Sklaven gekauft wurden, mußte 4 % ihres Preises abgeführt werden, bei ihrer Freilassung 5 %.

Matthäus 9,9
Lukas 19,2

Eine wichtige Einnahmequelle waren die Zölle für Export und Import in Häfen und Grenzorten. Es ist anzunehmen, daß sogenannte Zöllner wie Matthäus in Kapernaum und Zachäus, der »Oberzöllner« in Jericho an der Grenze zwischen Judäa und Peräa, solche Zölle eintrieben. Der Zoll auf Handelswaren betrug gewöhnlich 2–2,5 %, für kostbare Öle aus Arabien um 25 %.

Lukas 19,8

Gegen Ende der Römischen Republik wurden die Abgaben von Steuerpächtern aus dem Ritterstand eingezogen. Dazu wurde die Genehmigung zum Eintreiben der Steuer in einer Provinz beantragt und eine gewisse Summe im voraus bezahlt. Der Zöllner versuchte dann, so viel wie möglich als Profit wieder einzukassieren. Dieses System führte zu Habgier und Mißbrauch; es wurde nach Trajans Regierungszeit durch Beamte ersetzt, die einen festen Prozentsatz der Steuern als Einkommen erhielten. Die Zöllner in Judäa galten als unredlich; das zeigen sowohl rabbinische Schriften als auch das Neue Testament. (So sagt Zachäus zum Beispiel zu Jesus: »Wenn ich jemanden betrogen habe, will ich es vierfach ersetzen.«)

In den letzten Jahren des Kaiserreichs bluteten die Kaiser das Volk durch Besteuerung aus, um sich weiterhin ihr luxuriöses Leben und die Armee leisten zu können.

Die römische Armee

In der römischen Armee gab es drei Kategorien von Soldaten: die Prätorianergarde, die Legionäre und die Hilfstruppen.

Die Prätorianergarde

Die Prätorianergarde war seit Augustus die Leibwache des Kaisers. Sie bestand aus 12 bis 16 in Rom stationierten Kohorten, jede etwa 500 Mann stark. Die Prätorianer erfreuten sich der besten Bezahlung, hatten die kürzeste Dienstzeit – 16 Jahre – und die leichtesten Pflichten. Während seiner Gefangenschaft in Rom war Paulus an einen Prätorianer gekettet (Apg. 28,16.20). Im Gefolge seiner Verkündigung verbreitete sich die christliche Botschaft im Prätorianerlager. Als Kaiser Claudius den Prätorianern bei seiner Thronbesteigung eine Zulage gewährte, schuf er einen Präzendenzfall: Seitdem spielte

Nächste Seite: Das Barberini-Mosaik von Palestrina (in der Nähe von Rom) zeigt das Leben während der römischen Belagerung im ägyptischen Nildelta. Das Mosaik stammt aus dem 1. Jh. n.Chr.

Unten: Soldat der Prätorianergarde mit seiner Bewaffnung: Schwert, Schild und Speer.

Unten rechts: Zenturion mit einem Rebstock als Rangabzeichen

die Prätorianergarde eine Schlüsselrolle bei der Einsetzung des neuen Kaisers, wenn der vorige ermordet worden war.

Die Legionäre

Der wichtigste Truppenteil war die Infanterie, die Legionäre, die aus römischen Bürgern rekrutiert wurde. Zur Zeit Trajans stellte Italien selbst nur noch jeden fünften Legionär. Obwohl manche schon im Alter von 14 Jahren den Dienst begannen, erfolgte die Anwerbung in der Regel mit 19 Jahren. Als Mindestgröße wurden 1,48 m verlangt, was 367 n. Chr. auf 1,64 m erhöht wurde.

Während der Regierung des Augustus gab es 25 Legionen. Diese Zahl wurde unter Septimius Severus auf 33 erhöht. Im Idealfall hatte jede Legion zehn Kohorten mit je 540 Mann, insgesamt also 5400 Mann. Aufgrund von Verlusten lagen die Legionen meistens unter ihrer Nennstärke. Jede Kohorte war weiter unterteilt in sechs Zenturien mit je 90 Mann, die von einem Zenturion befehligt wurden. Jeder Legion sollte ein Flügel mit 120 Kavalleristen zugeordnet sein.

Das Neue Testament erzählt von einem Mann, der sich »Legion« genannt habe, weil er von so vielen Dämonen besessen sei. Jesus erklärte bei seiner Verhaftung, wenn er wolle, könne er 12 Legionen Engel rufen.

Befehlshaber einer Legion

Oberster Befehlshaber einer Legion war ein Legat im Rang eines Senators. Ihm zur Seite stand ein Stab von sechs Militärtribunen im Rang von Senatoren oder Rittern. In der Zeit der Republik wurde von jedem angehenden Politiker erwartet, daß er etwa zehn Jahre in der Armee gedient hatte, bevor er sich erstmals zu einer Wahl stellte.

Da die Offiziere nach ihrem sozialen Stand und nicht nach ihrer

militärischen Erfahrung ausgewählt wurden, waren viele schlechte Militärs. Im Jahre 9 ließ sich ein Kommandeur namens Varus in den Teutoburger Wald locken, wo er eingekreist wurde und alle seine Soldaten verlor.

Die Zenturionen

Das Rückgrat der Armee waren die Zenturionen, erfahrene Soldaten. Wenn ein Zenturion befördert wurde, wurde er gewöhnlich zu einer anderen Legion versetzt, um sich mit seinen Männern nicht zu eng anfreunden zu können. Sie wurden etwa 15 Mal bes-

ser bezahlt als gewöhnliche Soldaten. Zur Zeit Trajans bekamen sie etwa 5000 Denare im Jahr. Die fünf dienstältesten Zenturionen bekamen 10000, und der Oberzenturion der Legion bekam 20000 Denare.

Ein Hilfstruppensoldat im Panzerschutz mit gezücktem Schwert

Bezahlung und Ausrüstung

Der gewöhnliche Legionär bekam zwischen 225 und 300 Denare Sold im Jahr, von denen er Essen und Kleidung bezahlen mußte. Seine Nahrung bestand aus Brot, Getreidebrei und einer sauren Weinsorte.

Jeder Legionär trug Gepäck mit einem Gewicht von etwa 36 kg. Es bestand aus einer Zweiwochenration an Nahrung und Werkzeugen wie Spaten und Äxten. Über einer ledernen Kopfbedeckung trug er einen eisenverstärkten Bronzehelm. Er hatte einen Schuppenpanzer aus Metallstücken und Leder sowie einen Gürtel. An den Füßen trug er dickbesohlte Sandalen mit Hufnägeln. Zum Schutz trug er einen Holzschild, der mit Eisen eingefaßt und mit Leder überzogen war. Seine Angriffswaffen waren zwei Speere von 2 Meter Länge, doch verließ er sich hauptsächlich auf sein 50 cm langes Schwert. Trotz seiner zwei Schneiden wurde es gewöhnlich eher zum Stechen als zum Schlagen verwendet.

Das Bild eines solchen Soldaten benutzte Paulus im Epheserbrief: »So stehet nun, an euren Lenden umgürtet mit Wahrheit und angezogen mit dem Panzer der Gerechtigkeit. Und an den Beinen gestiefelt, als fertig, zu treiben das Evangelium des Friedens. Vor allen Dingen aber ergreifet den Schild des Glaubens, mit welchem ihr auslöschen könnt alle Pfeile des Bösen, und nehmet den Helm des Heils und das Schwert des Geistes, welches ist das Wort Gottes.«

Rechte und Privilegien

Nach zwanzig Dienstjahren wurden die Legionäre entlassen und erhielten ein Stück Land in einer Grenzkolonie wie Karthago, Korinth oder Philippi.

Bis zum Erlaß des Kaisers Septimius Severus im Jahre 197 war es allen Soldaten bis hinauf zum Zenturion verboten zu heiraten.

Verheiratete Männer, die den Dienst antraten, mußten ihre Ehe lösen. Aber Inschriften in Militärlagern enthüllen, daß viele Frauen die Soldaten begleiteten. Manche von ihnen wurden »Ehefrauen« genannt, obgleich sie rechtlich Konkubinen waren. Bei seiner Entlassung bekam der Soldat ein kleines in Bronze eingeschlagenes Zeugnis, das ihm das Recht einräumte, eine Ehe einzugehen, und das seinen Nachkommen das Bürgerrecht verlieh.

Wegen des Mangels an Rekruten wurde den Söhnen von Veteranen nach 140 n. Chr. jedoch nur noch dann das Bürgerrecht gewährt, wenn sie sich in der Armee verpflichteten. Gegen Ende des 2. Jh. n. Chr. waren die meisten neuen Rekruten die Nachkommen von Soldaten und ihren Konkubinen.

Die Hilfstruppen

Außer den Legionen gab es eine ebenso große Zahl von Hilfstruppen, die aus Nichtbürgern eingezogen wurden. Nach 25 Dienstjahren bekamen diese Männer das Bürgerrecht. In diesen Hilfstruppen gab es viele Spezialisten mit besonderen Waffen, wie die Bogenschützen aus Syrien oder die Schleuderer von den Balearen. Sie wurden in erster Linie in den Grenzprovinzen eingezogen und dienten in der Frühzeit des Reiches in der Nähe ihrer Heimat.

Die Soldaten in Judäa waren hauptsächlich Hilfstruppen aus der heidnischen Bevölkerung Sebastes (Samarias) und Cäsareas und hatten wenig für die Juden übrig. In der Geschichte von Kornelius in Apg. 10 wird eine Kohorte von italienischen Freiwilligen erwähnt, die den Hilfstruppen in Judäa zugeordnet war. Kornelius, ein Zenturion dieser Truppe, könnte trotz seines italienischen Namens ein einheimischer Freiwilliger gewesen sein, da seine Familie erwähnt wird.

Die Bevölkerung Roms

Die Senatoren

Auf der höchsten Stufe der römischen Gesellschaft stand der Senat, die Ratsversammlung, die die Finanz- und Außenpolitik sowie die militärischen Operationen kontrollierte. Bei jedem der 600 Mitglieder konnte ein Vermögen von mindestens 1 Million Sesterzen vorausgesetzt werden, welches in großen Landbesitztümern angelegt wurde, da Senatoren vom Handel gesetzlich ausgeschlossen waren. Die Senatoren trugen Tuniken mit Purpurstreifen.

Mit dem Wachstum des Kaiserreichs nahm der Einfluß des Senats ab. Viele Senatoren wurden umgebracht, wenn sie der Auflehnung gegen den Kaiser verdächtigt wurden. In der Zeit zwischen der Regierung Neros und Nervas (88–96 n. Chr.) wurde die Hälfte der alten Senatorengeschlechter beseitigt. Die persönlichen Berater, 20 bis 30 »Freunde des Kaisers«, wurden mit der Zeit wichtiger als der Senat.

Die Ritter

Der Redner Cicero warnt den Senat vor einer Verschwörung zur Machtergreifung.

Die römischen »Ritter« *(Equites)* waren ursprünglich die 1 800 Kavalleristen der republikanischen Armee, deren Pferde vom Staat gestellt wurden. Um 400 v. Chr. wurden auch reiche Männer Ritter, die sich ihre Pferde selbst leisten konnten. Als

die Armee sich zunehmend auf Hilfstruppen für ihre Kavallerie stützen mußte, wurden die Ritter mehr zu einer politischen als einer militärischen Größe.

Im Gegensatz zum Senat war die Mitgliederzahl der Ritter nicht begrenzt. Um 225 v. Chr. qualifizierten sich 21 000 Männer für die Mitgliedschaft. Im Theater waren die »Orchestersessel« für den Senat reserviert, die nächsten 14 Reihen für die Ritter. Gegen Ende der Republik fungierten die Ritter als Geschäftsleute oder Zöllner. 123 v. Chr. erlangten sie das Recht, an Gerichtsverhandlungen teilzunehmen, die Erpressungen von seiten der Provinzstatthalter untersuchten. Sie bekamen eine wichtige politische Machtstellung.

Im 1. Jh. v. Chr. konnten Bürger Ritter werden, wenn sie ein Vermögen von mindestens 400 000 Sesterzen vorweisen konnten. Sie erhielten das Privileg, die Toga mit dem schmalen Purpurstreifen und einen goldenen Ring zu tragen. Manche nehmen an, daß mit dem reichen Mann mit dem Goldring am Finger, der im Jakobusbrief erwähnt wird, ein Ritter gemeint ist.

Jakobus 2,2

Mit Hilfe der Ritter wehrte sich der Kaiser gegen mögliche Bedrohungen durch Senatoren. Nur ein Ritter konnte Statthalter von Ägypten oder Hauptmann der Prätorianergarde werden; Ritter dienten auch als Offiziere der Armee oder als Statthalter in unbedeutenderen Provinzen wie Judäa. Zur Zeit Kaiser Diokletians wurden die meisten der militärischen und administrativen Posten von Rittern bekleidet.

Die unteren sozialen Schichten

Während des punischen Krieges (143–133 v. Chr.) waren die römischen Soldaten lange im Ausland eingesetzt. Viele von ihnen, zumeist Kleinbauern, wurden während dieser Zeit ihres Landes beraubt und zogen nach Rom, wo sie die Elendsviertel der Stadt bevölkerten. Tiberius Gracchus wurde von ihrem Elend bewegt: »Die wilden Tiere, die Italien durchstreifen, haben ihre Höhlen und Lager zum Schutz, aber die Männer, die für Italien kämpfen und sterben, haben nur Licht und Luft. Heimatlos streifen sie mit ihren Frauen und Kindern herum ... Sie werden Herren der Welt genannt, besitzen aber keinen Erdklumpen.«

Tiberius Gracchus wurde 133 v. Chr. wegen seiner Anträge zur Landreform von Senatoren umgebracht – wie 12 Jahre später auch sein Bruder Gaius Gracchus. Noch 123 v. Chr. setzte Gaius Gracchus die »Lex Frumentaria« durch, mit der Subventionen bereitgestellt wurden, um Getreide zu niedrigen Preisen an die freien Stadtbürger zu verkaufen. Das führte später zur kostenlosen Verteilung von Korn, einer Art »Arbeitslosenunterstützung«.

Die römischen Eroberungen brachten einen starken Zustrom von Kriegsgefangenen, billigen Arbeitskräften. Kleinbauern, die nicht mehr konkurrieren konnten, verkauften ihr Land und vermehrten die Einwohnerzahl Roms. Die Zahl der Familien, die für die staatliche Unterstützung in Frage kamen, stieg von 150000 im 2. Jh. v. Chr. auf 300000. Julius Cäsar reduzierte die Zahl auf die Hälfte, Augustus hielt sie bei 200000. Mindestens 600000 Personen, die Hälfte der Bevölkerung Roms, waren also auf die Unterstützung angewiesen. Nur eine Minderheit der freien Bürger war in der Lage, für den Lebensunterhalt aufzukommen; der Rest lebte von der staatlichen Unterstützung.

Die freien Bürger, die weder zum Senat noch zu den Rittern gehörten, bildeten den »dritten Stand«. Die meisten waren als Unterschicht und nicht als Mittelstand einzustufen. Eine tiefe Kluft bestand zwischen Kaiser, Senat und wohlhabenden Freigelassenen mit einem Vermögen von 20–30 Millionen Sesterzen und denen, die mit einem Jahreseinkommen von 20000 Sesterzen sehr bescheiden lebten.

Die meisten ärmeren Leute lebten in überfüllten Mietshäusern ohne Installation oder ausreichende Heizung. Dies ist die Nachbildung eines solchen Hauses in Ostia.

Die Armen lebten in Dachkammern, von Brot, Gemüse und saurem Wein; ein Schafs- oder Schweinekopf war Luxus. Das schlimmste war das soziale Stigma der Armut. Juvenal klagt: »Wenn man arm ist, ist man ein Witz bei jeder Gelegenheit. Welch ein Gelächter, wenn der Mantel schmutzig oder zerrissen ist, die Toga etwas fleckig scheint, der Schuh einen Riß im Leder hat. Oder wenn mehrere Flicken häufiges Ausbessern verraten! Der größte Fluch der Armut, viel schlimmer als die Armut an sich, ist, daß sie zum Objekt der Erheiterung, des Spottes und der Erniedrigung macht.« Tatsächlich lebten die Sklaven von Reichen in wesentlich besseren Umständen als die meisten freien, aber armen Einwohner Roms: »Kinder von Freigeborenen machen Platz für eines reichen Mannes Sklaven.«

Wohlhabende römische Bürger wohnten in luxuriösen Villen. Die Wände waren meist mit Malereien verziert und die Böden mit Mosaiken ausgelegt. Vieles über das Aussehen dieser Villen wissen wir von den Bauwerken in Herculaneum und Pompeji, die fast unbeschädigt unter einer tiefen Schicht aus Lavaasche und Schlamm ausgegraben werden konnten, unter der sie bei einem Vulkanausbruch 79 n.Chr. begraben worden waren.

Die linke Zeichnung zeigt eine typische Villa im Querschnitt. Der Haupteingang befindet sich auf der linken Seite. Der Raum daneben wurde manchmal als Laden benutzt. Der zentrale Raum der Villa ist das Atrium. Es hat ein Becken, in dem das Regenwasser gesammelt wird, das durch eine quadratische Öffnung im Dach fällt.
Vom Atrium führt eine Treppe hoch zu den Schlafräumen. Das Eßzimmer und die Küche öffnen sich zum »Peristyl«, einem überdachten Säulengang, der den gartenähnlichen Innenhof umgibt.

Im Bild rechts ist das »Peristyl« einer römischen Villa aus Pompeji abgebildet. Jeder Haushalt hatte eigene Sklaven. Sie waren jeweils für verschiedene Aufgaben zuständig. Einige arbeiteten im Haushalt, andere bedienten die Herrin des Hauses.
Das untere Steinrelief zeigt Sklavinnen, die ihre Herrin bedienen: Eine ordnet ihre Haare, während eine andere den Spiegel hält.

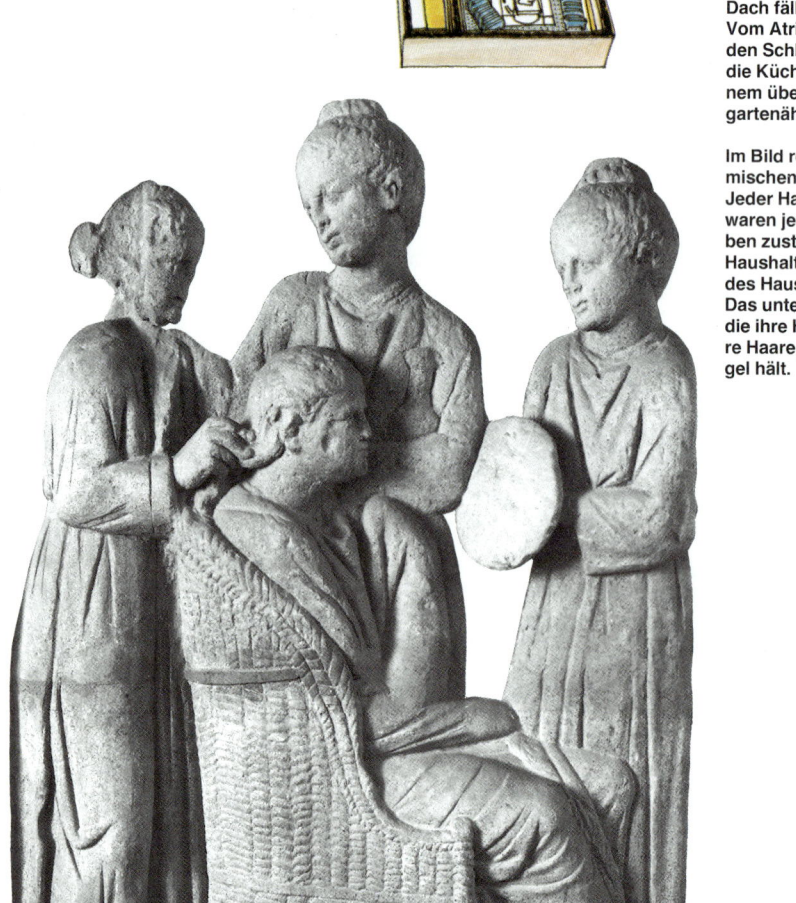

Sklaven Man konnte Sklave werden durch Verschuldung, Entführung und Verkauf oder weil die Eltern Sklaven waren; das größte Reservoir an Sklaven bildeten aber die Kriegsgefangenen.

Es gab nur wenige Sklaven in Rom, bis im 3. Jh. v. Chr. die Expansion im Mittelmeerraum einsetzte. Im 2. Jh. v. Chr. wurden 250 000 Sklaven geschätzt. Während Trajans Regierung im 1. Jh. n. Chr. war von 1,2 Millionen Bürgern Roms ein Drittel, rund 400 000, Sklaven. Danach nahm die Zahl ab.

Die Sklaven waren vornehmlich Epiroten (Albanier), Griechen, Skythen, Phryger und Syrer. Die wichtigsten Sklavenmärkte waren in Alexandria, Delos, Ephesus und Byzanz. Der durchschnittlich begüterte Mann hatte ein oder zwei Sklaven; Plinius der Jüngere besaß 500 und ein Reicher namens Isidorus sogar über 4 000.

Die Sklaverei war so weit verbreitet, daß sich außer einigen Philosophen kaum jemand Gedanken darüber machte. Platon beschrieb den Sklaven als eine »lästige Ware«. Aristoteles meinte, manche Menschen seien von Natur aus minderwertig und zu Sklaven bestimmt, forderte aber humane Behandlung für sie, wenn auch nur aus Eigeninteresse. Die Stoiker betonten mit Erfolg, daß auch Sklaven menschliche Wesen seien, aber nicht einmal sie versuchten, die Sklaverei abzuschaffen.

Nach römischem Gesetz war der Sklave eine Ware, konnte also mehreren Besitzern gehören. Anderseits wurde er in bestimmten religiösen und sozialen Angelegenheiten als Person angesehen: Der Eid eines Sklaven war bindend, sein Fluch wirksam und sein Grab eine religiöse Stätte. Er konnte einer Arbeitervereinigung *(collegium)* beitreten, in deren Rahmen Gemeinschaftsmahlzeiten gehalten und für die Bestattung der Mitglieder gesorgt wurde. Während Hadrians Regierung verbot ein Gesetz, Sklaven zu töten oder zu quälen.

Aufgeklärte Herren erlaubten ihren Sklaven eigenes Vermögen, mit dem sie sich freikaufen konnten, manchmal nach 7 Jahren. Haussklaven wurden gut und mit Zuneigung behandelt. Als Ciceros Bruder Quintus einen Lieblingssklaven freiließ, schrieb Cicero: »Ich habe eben von Tiro gehört. Er hätte niemals ein Sklave sein sollen, und jetzt hast du beschlossen, daß

Lukas 7,2 er stattdessen unser Freund sein soll.« Lukas berichtet, daß einmal ein Zenturion Jesus bat, seinen Sklaven zu heilen, »der ihm sehr lieb war«. Oftmals, so ist bezeugt, wurden Sklaven zu Lebensrettern ihrer Herren.

In wohlhabenden Familien gab es für jede Aufgabe einen besonderen Sklaven: Sklaven als Amme, Hebamme, Kindermädchen, Sekretär, Schreiber, Vorleser, Bedienter und Kammerdiener. Im Textilhandel gab es Spinner, Wollsticker, Weber, Abwieger usw. Diese Spezialisierung bedeutete, daß vieles an der römischen Sklaverei »weder ewig noch, solange sie bestand, unerträglich« war.

Manchen Sklaven wurde beträchtliche Verantwortung übertragen bis dahin, daß sie selbst Sklaven halten durften. Der Politiker Crassus hatte eine Sklavenmannschaft von 500 Baumei-

Mosaik aus dem 3. Jh. n. Chr., das einen Sklaven abbildet

Philemon 10–12

Philipper 4,22

stern und Maurern. Andere Sklaven arbeiteten in Töpfereien und Glasfabriken. Am schlimmsten war das Los der Sklaven, die aneinandergekettet und in engen Stollen in Bergwerken arbeiten mußten.

Manche Herren behandelten ihre Sklaven auf brutale Weise. Seneca, der selbst für eine menschliche Behandlung eintrat, beschrieb das Los unterdrückter Sklaven: »Die armen Sklaven dürfen ihre Lippen nicht bewegen, nicht einmal zum Sprechen. Das leichteste Murmeln wird von der Rute unterdrückt; sogar einem zufälligen Laut, einem Husten, Niesen oder Schluckauf, wird mit der Peitsche begegnet. Es steht die schrecklichste Strafe auf Störung der Ruhe. Sie müssen die ganze Nacht aufrecht stehen, hungrig und stumm.«

Solche Behandlung führte zu mehreren spektakulären Sklavenaufständen. Der bekannteste war der unter dem Gladiatoren Spartacus, der mit 70000 Aufständischen gegen die römische Armee kämpfte (73–71 v. Chr.). Nachdem Octavian 36 v. Chr. den Piraten Sextus Pompejus besiegt hatte, brachte er 30000 flüchtige Sklaven ihren Herren zur Bestrafung wieder zurück oder richtete sie selbst hin. Während Neros Herrschaft wurde ein hartes Gesetz verabschiedet: Wird ein Beamter von einem seiner Sklaven ermordet, werden sämtliche Sklaven dieses Haushalts mit dem Tode bestraft.

Trotz Strafandrohung flohen viele Sklaven, z.B. Ciceros Sklave, der ihm einige Bücher gestohlen hatte, oder Onesimus, den Paulus liebgewann und zu Philemon zurückschickte. Wer einem entlaufenen Sklaven Unterschlupf gewährte, wurde bestraft; ein eingefangener Flüchtling konnte gekreuzigt oder mit einem F für »*Fugitivus*« gebrandmarkt werden.

Zum kaiserlichen Haushalt gehörte eine enorme Anzahl Sklaven – manchmal mehr als 20000. Dem Brief des Paulus an die Philipper nach waren einige von ihnen und andere Sklaven unter den ersten Christen. Namen wie Ampliatus, Urbanus, Stachys, Tryphaena, Tryphosa und Hermes, die in Römer 16 erwähnt werden, waren gängige Namen für Sklaven. Obwohl die Christen des 1. Jahrhunderts nicht für die Abschaffung der Sklaverei eintraten, begrüßten sie Sklaven als Brüder im Glauben, und manche von ihnen wurden sogar Kirchenführer. Erst im 18. Jh. wurde von einem Christen, William Wilberforce, bahnbrechende Arbeit für die Aufhebung der Sklaverei in Europa geleistet.

Freigelassene

Apostelgeschichte 6,9

Eine wichtige Klasse der römischen Gesellschaft waren die *libertini,* Freigelassene oder ehemalige Sklaven. Die Mitglieder der Synagoge für Freigelassene in Jerusalem diskutierten mit dem christlichen Prediger Stephanus, kurz bevor der als Märtyrer starb.

Es gab verschiedene Gründe für die Freilassung von Sklaven; manche waren menschenfreundlicher Natur, andere nicht.

Römisches Relief, auf dem ein Tuch-
geschäft aus dem 2. Jh. n. Chr. abgebildet ist. In Begleitung ihrer Sklaven
sehen zwei reiche Kunden zu, wie zwei
Verkäufer eine Kiste mit einem Kissen
darin öffnen.

Viele Herren ließen ihre Sklaven frei aus Dank für besondere
Dienste, aus religiösen Gründen oder weil sie wollten, daß man
sie nach ihrem Tod wegen ihres Großmutes rühmte. Manchmal
war es einfach billiger, denn Freigelassene wurden als ehemalige Sklaven von den staatlichen Getreidealmosen ernährt.
Aber selbst nach ihrer Freilassung schuldeten die Freigelassenen ihren Herren als ihren Gönnern Ergebenheit, und an ihrem Namen konnte man ihren früheren Besitzer erkennen.

Ein außergewöhnlicher Zug des römischen politischen Systems war, daß freigesetzte Sklaven römische Bürger wurden –
wenn auch mit einigen Einschränkungen. Sie konnten niemals
Senatoren werden; und sie brachten es selten zum Ritterstand,
wenn sie nicht freigelassene Sklaven des Kaisers waren. Die
meisten Freigelassenen bildeten eine Art untere Mittelklasse.
Anders als die freien, aber armen römischen Bürger scheuten
sie sich nicht, sich die Hände zum Geldverdienen zu beschmut-
zen. Sie waren bereit, sich auf sogenannte »schmutzige« Geschäfte einzulassen wie »Fischhändler, Schlachter, Köche, Par-
fümeure, Tänzer und der ganze Berufszweig der Spieler« (Cicero).

Manche Freigelassene wurden außerordentlich reich; dennoch blieben sie verachtet. In Petronius' Buch *Satyricon* fällt
der freigelassene Trimalchio wegen seines Reichtums und seines ungehobelten Verhaltens auf. Andere erlangten in ihren li-
terarischen Werken bleibenden Ruhm. Livius war ein früher lateinischer Dichter, Terenz wurde ein ausgezeichneter Komö-
dienschreiber, und Epiktet war ein stoischer Philosoph. Christliche Herren ließen ihre Sklaven oft frei. Einige der ersten Bi-
schöfe Roms waren Freigelassene.

ROM: LEBEN UND RELIGION

Das antike Rom hatte alle Verlockungen des modernen Stadtlebens. Die Menschen waren in hohen Mietskasernen und luxuriösen Vorstadtvillen untergebracht, die an hochentwickelte Wasserzufuhr- und Abwassersysteme angeschlossen waren. Es gab eindrucksvolle – und zweckmäßige – öffentliche Gebäude: Ämter, Büchereien, Theater, Arenen, Tempel und Bäder. Und ein dichtes Straßennetz beschleunigte Handel und Kommunikation.

Wie auch in anderen Geschichtsepochen, stillte der materielle Wohlstand nicht die religiösen Bedürfnisse; er mag sie eher gestärkt haben. Astrologie, Kaiserkult und eine Menge Mysterienreligionen waren nicht einfach Privatvergnügen, sondern gehörten zum öffentlichen Leben Roms.

Die Ordnung
des sozialen Lebens

Ehe und Scheidung

Zur Zeit des Kaisers Augustus lag das Mindestalter für die Eheschließung bei 12 Jahren für Mädchen und 14 für Jungen (später auch vom Kirchenrecht übernommen). Plutarch schreibt, daß Mädchen im Jugendalter verheiratet wurden, um ihre Unberührtheit zu garantieren. Weil unverheiratete Mädchen schon mit 19 als »alte Jungfern« galten, stockten besorgte Eltern die Mitgift auf und machten dies bekannt, um Freier anzuziehen. Für Frauen, die mit 20, und für Männer, die mit 25 Jahren noch nicht verheiratet waren, erschwerte Augustus Erbschaftsangelegenheiten und politischen Aufstieg.

In den frühen Jahren der Republik übten die Väter absolute Autorität aus über ihre Kinder, die sie verkaufen, ja sogar töten konnten. Frauen standen unter der Vormundschaft der Männer; sie hatten nicht einmal eigene Namen – Claudia und Julia z.B. waren Sippennamen mit femininer Endung. Später wurde die Frau nach und nach emanzipiert.

Der Hochzeit ging die Verlobung voraus, oft schon bei Kindern von 7 Jahren. Der Mann steckte seiner Braut einen eisernen Ring an den Ringfinger und küßte sie.

Die beste Zeit zum Heiraten sollte der April oder die 2. Junihälfte sein, weil dann die Vorzeichen gut standen. Ein Drittel des Jahres stand unter einem unheilvollen Omen, besonders die Tage, an denen die Geister der Toten auf freiem Fuß waren, an den Festen der Parentalia und Lemuria.

Vor der Hochzeit gab die Braut ihr Spielzeug und Kinderkleid den Hausgöttern. Dann zog sie eine weiße Tunika an mit einem orangenen Schleier, der ihr Gesicht freiließ. Die Feier war beendet, wenn die Braut in ihr neues Heim zog. Der Bräutigam ging voraus und verteilte Nüsse an die Kinder. Dann trug er die Braut über die Türschwelle, damit sie nicht stolpert – das würde Unglück bringen.

Gewöhnlich durften Vettern und Cousinen zweiten Grades nicht heiraten. Aber im 2. Jh. v. Chr. wurden Hochzeiten sogar bei Verwandtschaft ersten Grades geduldet. Die Heirat des Kaisers Claudius mit seiner Nichte Agrippina 49 n. Chr. schuf einen schockierenden Präzedenzfall.

Weil Sklaven kein Personenrecht besaßen, konnten sie auch keine Ehe nach römischem Recht schließen. Die Verbindung eines Sklaven konnte von dem Herrn anerkannt oder zurückgewiesen werden. Wurde ein Sklave frei, kaufte er als erstes die Freiheit seiner »Frau«. Gemäß einem von Augustus verabschiedeten Gesetz war es »für Freigeborene verboten, eine Pro-

stituierte, Kupplerin, eine von einem Zuhälter oder einer Kupplerin Freigelassene, Ehebrecherin, eine öffentlich Verurteilte
oder ehemalige Schauspielerin zu heiraten«.

In der Zeit der Republik waren Kinder erwünscht, und ihr
Fehlen wurde beklagt. Ein Epitaph aus Turia aus dem 1. Jh. v.
Chr. berichtet, daß eine Frau ihren Mann zur Scheidung drängte, weil sie unfruchtbar war, damit er sich eine andere Frau
nehmen könnte.

Im frühen Kaiserreich ging die Zahl der Kinder, die geboren
und aufgezogen wurde, stark zurück. Manche Frauen vermieden
die Schwangerschaft aus Angst um ihre Schönheit. Andere setz-
ten ihr Baby aus oder ließen es abtreiben. Es wurden mehr
Mädchen als Jungen dem Tod überlassen. Eine Liste der staatlichen Wohlfahrt über außereheliche Kinder zur Zeit Trajans
zählt 145 Jungen und nur 34 Mädchen.

In der frühen Geschichte Roms waren Scheidungen selten; in
der späten Republik und im frühen Kaiserreich wurden sie in
den oberen Klassen alltäglich, oft aus politischen und auch aus
völlig trivialen Gründen. Pompejus war fünfmal, Cäsar viermal
verheiratet. Der Schriftsteller Seneca berichtet: »Keine Frau
braucht sich zu schämen, ihre Ehe aufzulösen, seitdem die vor-
nehmsten Damen die Gewohnheit angenommen haben, das
Jahr nicht mehr nach dem Namen des Konsuls sondern des
Ehemanns zu zählen. Sie lassen sich scheiden, um wieder zu
heiraten. Sie heiraten, um sich scheiden zu lassen.«

In den frühen Jahren der Republik konnte ein Mann sich
von seiner Frau trennen wegen ernster Vergehen wie Ehe-

**Das Atrium war der Hauptwohnraum
in Luxusvillen wie dieser in Herculaneum. Eine quadratische Öffnung im
Dach ließ Licht ein und Regenwasser,
das in einem flachen Becken aufge-
fangen wurde.**

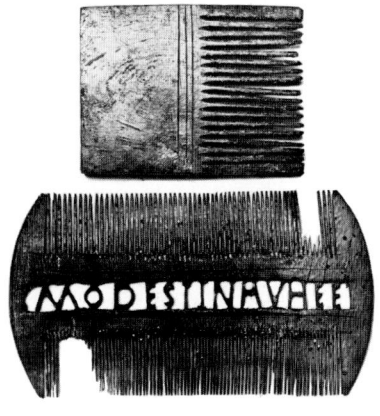

Elfenbeinerne Kämme wohlhabender römischer Damen

bruch, Vergiften der Kinder oder Fälschen seiner Schlüssel, aber eine Frau konnte nicht die Scheidung beantragen. In der späteren Republik, als die »freien Ehen« überhand nahmen, konnte eine Frau den Scheidungsprozeß einleiten. Ein Mann, der seine Frau beim Ehebruch ertappte, durfte sie und ihren Geliebten töten oder verstümmeln. Augustus erklärte Ehebruch zu einem Verbrechen; unter seinem Gesetz durfte der Ehemann immer noch einen Mann aus einer niederen Klasse töten, wenn er ihn beim Ehebruch erwischte.

Mehr als die Hälfte der Ehefrauen starben vor dem 40. Lebensjahr aufgrund von Komplikationen bei Schwangerschaft und Geburt. Da anderseits Ehemänner oft über zehn Jahre älter waren als ihre Frauen und zudem den Gefahren des Krieges ausgesetzt waren, überlebten die Ehefrauen sie oft.

Zahlreiche Grabinschriften bieten ein Bild ehelichen Glükkes. Eine geläufige Wendung ist, daß das Paar viele Jahre zusammenlebte »ohne einen einzigen Streit«. Ehefrauen wurden gerühmt, weil sie »zufrieden zu Hause blieben«, »bescheiden«, »gehorsam«, »achtsam mit dem Geld« und »religiös, aber nicht abergläubisch« waren.

Römische Erziehung

Die Römer kopierten die Griechen, indem sie für ihre Kinder Pädagogen einstellten – oft griechische Sklaven. Doch die praktischen Römer führten einige grundlegende Unterschiede zur griechischen Erziehung ein. Mathematik, Geometrie und Musik wurden nur gelehrt, wo sie praktische Bedeutung hatten. Rhetorik, nicht Philosophie galt als vornehmstes Studienfach, und die Römer lehnten die Nacktheit im griechischen Sport ab.

Die Mädchen besuchten die Grundschule zusammen mit den Jungen; in Griechenland gingen nur die Jungen zur Schule. Manche Frauen hatten solche Kenntnis der Literatur, daß Juvenal sich beklagte: »Wie ich sie hasse, Frauen, die bis zu Palaemons Grammatik zurückgehen, alle Regeln einhalten und Verse zitieren, die ich noch nie gehört habe.«

Der Unterricht wurde in allen möglichen Räumen abgehalten, manchmal auch auf offenen Marktplätzen. Für ihre Arithmetikstunden gebrauchten die Schüler Rechenbrettchen mit Kieselsteinen.

Vom 7. bis zum 10. oder 11. Lebensjahr gingen die Kinder zur Grundschule. (Das Wort »Schule« kommt aus dem Griechischen und bedeutet »Freizeit«.) Die Eltern verlangten viel vom Lehrer, bezahlten aber schlecht – oft erst nach gerichtlicher Aufforderung. Die Fabeln des Äsop waren beliebt für das Lesenlernen.

Ein wichtiges pädagogisches Mittel war die Körperstrafe. Ein Gemälde aus Pompeji zeigt einen Jungen, der von zwei anderen gehalten wird, während ihn der Lehrer prügelt. Der lateinische Ausdruck »die Hand von der Rute zurückziehen« bedeutet »die Schule verlassen«. Der Schriftsteller Quintilian protestierte gegen die allgemeine Praxis des Prügelns und behauptete, daß

Lob, Wetteifer und sogar Spiel anspornender seien als Furcht.

Im Alter von 12 bis 15 oder 17 Jahren besuchte der junge Römer die höhere Schule. Die Hauptfächer waren hier Grammatik und Literatur, hauptsächlich Homer und andere griechische Schriften. Lateinische Werke – von Vergil, Cicero, Terenz und Horaz – wurden erst nach 25 v. Chr. eingeführt.

Nach der höheren Schule und dem Erreichen der Volljährigkeit erhielten die jungen Männer bis zum Alter von 18 oder 20 Jahren eine rhetorische Schulung. Weil die römische Republik in ein Kaiserreich umgestaltet wurde, nahmen die politischen Möglichkeiten ab, und die rhetorische Ausbildung rückte immer mehr vom wirklichen Leben ab. Die Studenten mußten Reden halten über Themen wie »Soll der sagenhafte König Agamemnon seine Tochter opfern?« oder an den Haaren herbeigezogene juristische Fälle.

Römische Schule in Gallien. Zwei Schüler entrollen ihre Papyrusrollen, ein dritter kommt zu spät.

Die Rhetoriker lehrten verschiedene sog. »rhetorische Figuren«, von denen der Apostel Paulus in seinen Schriften über 30 gebrauchte; vielleicht hat er in Tarsus eine Grundausbildung in Rhetorik erhalten. Doch gab er bewußt den Gebrauch der kunstvollen und pompösen rhetorischen Sprache auf, die allgemein verwendet wurde, um als gebildeter Mensch Anerkennung zu erlangen.

Kriminalität

Die römischen »*Vigiles*«, die Feuerwehr, hatte auch die Aufgaben der Polizei. Sie konnte aber wenig tun, um Verbrechen in einer Stadt mit einer Bevölkerung von über 1 Million zu verhindern. Es gab Kleiderdiebe in den Bädern, Einbrecher und Banditen, die Reisenden auflauerten. Reiche, die nachts reisten, nahmen Diener mit, um Verbrecher in Schach zu halten. Wie Juvenal berichtet, wurde der Einzelreisende von Räubern angegriffen:

»So fängt der Kampf an, wenn man es für Kämpfen halten soll, wenn er mit der Faust schlägt und ich sie nur abfangen kann. Er läßt ab. Er sagt, ich soll aufhören. Ich höre auf. Ich muß ihm gehorchen. Was soll man tun, wenn er verrückt ist und größer und stärker? . . .

Wenn man versucht, grob zu antworten oder sich wortlos wegzuschleichen, passiert stets das Gleiche: man wird angefallen und für ein Lösegeld festgehalten für den begangenen Überfall. Das ist die Freiheit des Armen. Geschlagen, durch Fäuste niedergemacht, bittet und fleht er seinen Angreifer an, mit ein paar Zähnen im Mund heimgehen zu dürfen.«

Handel   Mit der Sicherung des Friedens im Kaiserreich (*pax Romana*) unter Kaiser Augustus blühte der Handel auf zwischen Rom und anderen Teilen der Welt bis zum Nahen und Fernen Osten.

Das alte Saba (heute Yemen) in Südwest-Arabien und das alte Punt (Somalia) in Ostafrika sind die einzigen Länder, wo die kleinen Bäume wachsen, die Myrrhe und Weihrauch liefern. Ihr Harz wurde gebraucht als Parfum, der Weihrauch für religiöse und medizinische Zwecke. Myrrhe wurde als Kosmetikum verwendet, als schmerzstillendes Mittel und um Leichname einzubalsamieren.

Diese kostbaren Stoffe wurden von den Arabern und Naba-

Gefärbtes Tuch war eins der vielen römischen Importgüter. Dieses moderne Bild zeigt Tuchhändler auf dem Markt von Beerseba in Israel.

täern nach Gaza und Alexandria verschifft und dort weiterverarbeitet. Der römische Schriftsteller Plinius der Ältere berichtet, daß Arbeiter in den Fabriken Alexandriens ausgezogen und sorgfältig nach Gestohlenem durchsucht wurden, bevor sie das Firmengelände verlassen durften.

Es wird geschätzt, daß 50 Millionen Sesterzen pro Jahr nach Arabien gingen für den Kauf von Räucherwerk und Luxusgegenständen wie Korallen und Perlen. Plinius hielt die Einwohner Südarabiens für das reichste Volk der Welt.

Roms Hauptrivale im Osten war das gewaltige Partherreich, von dem Crassus 53 v. Chr. und Antonius 36 v. Chr. besiegt wurde. 20 v. Chr. konnte Augustus durch Verhandlungen die

Nächste Seite:
Wichtige römische Importe

Handel mit Indien

Horaz, der römische Dichter zur Zeit des Augustus. behauptete in dichterischer Übertreibung, daß »die Skythen und stolzen Inder sich jetzt von Rom beherrschen lassen wollten« und die Chinesen die Gebote des Kaisers nicht zu übertreten wagten. Die ersten indischen Gesandten kamen tatsächlich zur Zeit des Augustus mit Schlangen, Perlen und Edelsteinen.

Unter Älius Gallus wurde 25 v. Chr. das Rote Meer erforscht. Der Handel mit Indien, der eine Höhe von 50 Millionen Sesterzen pro Jahr erreichte, nahm seinen Anfang mit der Entdeckung (vielleicht in der Regierungszeit des Tiberius), daß der Monsun von April bis Oktober von Südwesten kommt und so die Reise nach Indien begünstigt, von November bis März aber von Nordosten die Rückfahrt von Indien zum Roten Meer erleichtert. Als die Römer das

begriffen, konnten sie die arabischen Zwischenhändler ausschalten.

Aus Indien kamen Dinge wie Schildpatt, Papageien, Perlmutt und kostbare Juwelen. Besonders wertvolle Importgüter waren Pflanzenprodukte und Gewürze wie Ebenholz, Narde, Kassie, Zimt und Pfeffer. Reis wurde in Indien und Syrien wohl angebaut, wurde aber kaum ins römische Reich eingeführt. Horaz nannte ihn einmal einen medizinischen Brei. Baumwolle wurde in Indien, Persien und Judäa angebaut.

Durch archäologische Ausgrabungen konnte die Anwesenheit der Römer in Indien bestätigt werden. Archäologen entdeckten beträchtliche Rückstände von Arretinischen Töpferwaren und römischem Glas in Arikamedu bei Pondicherri und römische Münzen aus der Zeit des Augustus an verschiedenen Fundstätten.

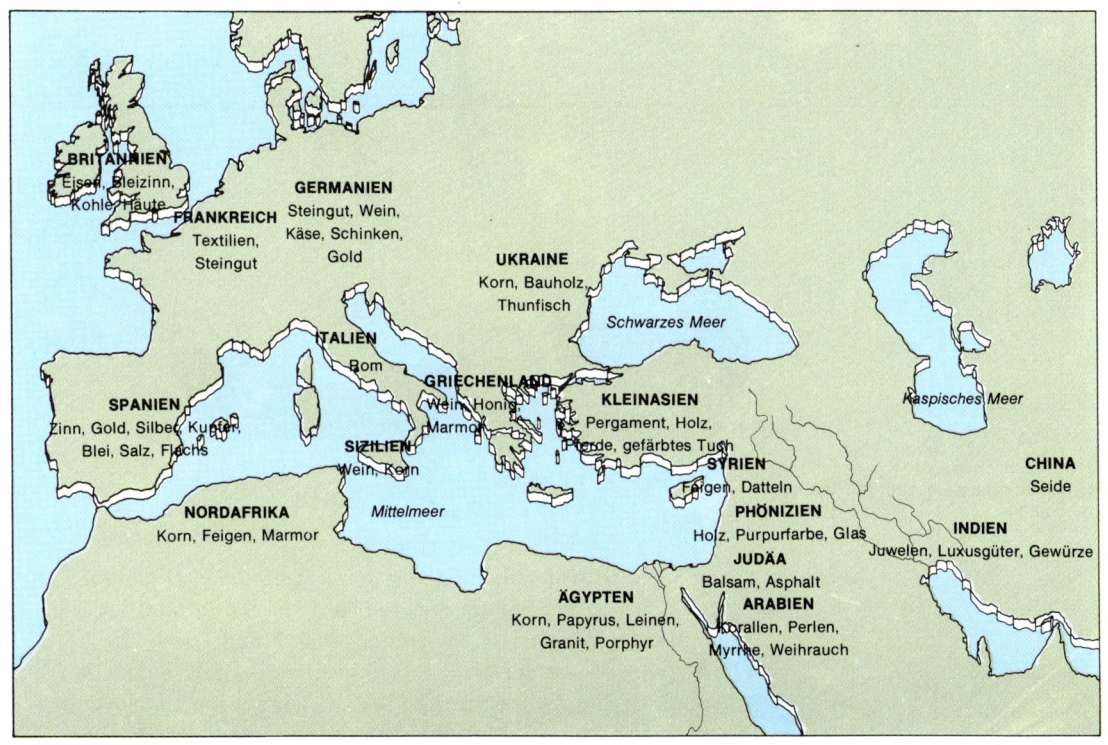

römischen Standarten zurückgewinnen, die die Parther erobert hatten. Der Friede mit den Parthern eröffnete den Handelsweg durch das weite Partherreich.

Kaiser Augustus beauftragte Isidor von Charax mit der Erforschung beider Seiten des Persischen Golfs. In seinem Werk »Die parthischen Stützpunkte« beschreibt Isidor den Landweg durch Mesopotamien und Persien, der später die berühmte Seidenstraße nach China werden sollte. Diese Straße führt 4000 Meilen weit von Syrien durch Mesopotamien und Persien nach Baktrien (Nord-Afghanistan) und dann durch Turkestan nach China. Der erste direkte Kontakt zwischen Rom und China ergab sich, als eine Delegation 160 n. Chr. an den chinesischen Kaiserhof geschickt wurde.

Seide wurde seit dem 3. Jahrtausend v. Chr. in China hergestellt und wurde von den Achämenidenkönigen in Persien im 5. und 4. Jahrhundert v. Chr. benutzt. Sie wurde auch zu Webereizentren in Syrien, Phönizien und Galiläa versandt, wo sie mit Leinen und Wolle verwoben und dann gefärbt wurden. Reine Seide wurde erstmals verwandt, als Kaiser Elagabalus ein Gewand aus dem Stoff anfertigen ließ.

Die Volkswirtschaft des römischen Reichs war unausgeglichen; der Reichtum lag in den Händen weniger. Das Geld wurde für importierte Luxusgüter ausgegeben; die Masse der Armen hatte nichts davon, da das Kapital ins Ausland zurückfloß.

Römisches Handelsschiff für den Korn-transport

Seefahrt   Die Seefahrt war abhängig von den Jahreszeiten. Die beste Reisezeit war der Sommer, zwischen dem 26. Mai und 14. September. Im Winter (10. November bis 5. März) wurde die Schiffahrt wegen der großen Gefahren eingestellt (außer im Krieg). In den Zwischenzeiten (14. September bis 10. November und 5. März bis 26. Mai) war es sehr gewagt zu segeln. Der

Schiffbruch des Paulus (Apostelgesch. 27,39–44) ereignete sich wahrscheinlich im Oktober.

Paulus segelte in einem alexandrinischen Kornschiff mit 276 Passagieren als Gefangener nach Rom. Solche Schiffe maßen 55 Meter und hatten eine Wasserverdrängung von 1200 Tonnen. Der jüdische Historiker Josephus, der auf seinem Weg nach Rom ebenfalls Schiffbruch erlitt, reiste auf einem Schiff mit 600 Passagieren.

Reichskuriere konnten in 50 Tagen von Rom nach Palästina reisen, Kaufleute brauchten für die gleiche Strecke 100 Tage. Die Post arbeitete oft unzuverlässig. Als der syrische Gesandte Petronius einen Befehl Caligulas mißachtete, ordnete der Kaiser in einem Brief im Dezember 40 n. Chr. seine Exekution an. Am 24. Januar 41 wurde der Kaiser ermordet. Glücklicherweise erreichte diese Nachricht Petronius im Februar, 27 Tage vor dem Eintreffen des ersten Briefes. Das alles fand im Winter statt, wo die Seefahrt äußerst gefährlich war.

Bücher und Bibliotheken

In der alten Welt schrieb man zuerst auf Papyrus aus Ägypten (daher unser Wort »Papier«). Da die Griechen ihren Papyrus über den phönizischen Hafen Byblos einführten, nannten sie ein Buch »Biblos« (daher stammt das Wort »Bibel«).

Als der Stadt Pergamon in Kleinasien das Papyrus ausging, erfand man dort das Pergament – präparierte Schaf- und Ziegenhäute. Anderes Schreibmaterial war Leder, Topfscherben (ostraca) und Wachstafeln in der Schule. Der Apostel Paulus

2. Timotheus 4,13 bat Timotheus um die »Pergamente« – vielleicht Schriftrollen des Alten Testaments.

Alte hebräische und aramäische Handschriften waren ohne Vokale geschrieben; bestimmte Konsonanten bezeichneten lange Vokale. Griechische Texte wurden ohne Zeichensetzung und oft ohne Abstände zwischen den Wörtern geschrieben. Alte Schriften wie die Bibel befanden sich oft auf Papyrus- oder Lederrollen von fast 9 Metern Länge. Bei solchen Rollen war es schwierig, bestimmte Abschnitte zu finden. (Die Kapitel- und Verseinteilung der Bibel wurde erst im 15. und 16. Jahrhundert n. Chr. eingeführt.)

Die ersten Christen übernahmen die Buchform (codex) für ihre Schriften zum besseren Nachschlagen. Es gibt Fragmente von 12 Papyruskodizes aus Ägypten schon aus dem 2. Jh. n. Chr., 7 aus dem Alten und 3 aus dem Neuen Testament; eins ist das sogenannte »Egerton«-Evangelium, das andere ein Teil aus einer Schrift genannt »Hirt des Hermas«. Heidnische Schreiber übernahmen den Kodex nicht vor dem 3. und 4. Jh. n. Chr.

Die frühesten bekannten Bibliotheken wurden von Peisistratos, einem athenischen Herrscher, und Polykrates von Samos im 6. Jh. v. Chr. gesammelt. Die Philosophen Platon und Aristoteles sammelten Bücher für ihre Schulen. Die ersten öffentlichen Büchereien wurden durch die Griechen errichtet. Die

Bibliothek von Alexandria war die größte in der alten Welt; sie hatte zwischen 500 000 und 700 000 Schriftrollen mit Erkennungsschildchen und auf Regalen eingeordnet. Kübelähnliche Behälter umschlossen mehrere Rollen sehr langer Werke, und der Bücherkatalog umfaßte 120 Rollen. Eine weitere wichtige Bibliothek befand sich in Pergamon (in der heutigen Türkei).

Den Römern fielen in ihren Kriegen in Mazedonien und Achäa Bibliotheken zu. General Aemilius Paullus brachte die Bibliothek König Perseus' mit, Sulla die Bücher des Aristoteles. Cicero sammelte seine eigene Bibliothek und beschäftigte seine

Die Sprache der Römer

Die älteste überlieferte Urkunde in Latein befindet sich auf einer Goldspange aus Praeneste (7. Jh. v. Chr.) und ist von rechts nach links geschrieben. Die wichtigste frühe Inschrift ist der Lapis Niger vom Forum in Rom (6. Jh. v. Chr.), der zeilenweise abwechselnd von links nach rechts und von rechts nach links geschrieben ist. Die lateinische Literatur entwickelte sich erst im 2. Jh. v. Chr., beeinflußt durch griechische Schriften. Aus der Zeit vor dem 1. Jh. v. Chr. sind kaum Inschriften erhalten.

Die große Zeit der lateinischen Literatur kam mit der Förderung durch Kaiser Augustus. Aus seiner Regierungszeit stammen die Schriften der Dichter Vergil und Horaz, des Historikers Livius und des Geographen Strabo. Ein Schriftsteller, Ovid, zog sich wegen seiner amourösen Dichtungen den Zorn des Kaisers zu. Er wurde an die Schwarzmeerküste Bulgariens, das »römische Sibirien«, verbannt.

Als Nero regierte, schrieben der Stoiker Seneca und sein Neffe Lukan, dessen »Pharsalia« die Schlacht zwischen Julius Cäsar und Pompejus schildert. Petronius beschrieb in dem obszönen »Satyrikon« die Dekadenz unter Neros Herrschaft.

Während der flavischen Regierung wurden die »Naturgeschichte« von Plinius dem Älteren geschrieben, die pädagogischen »Institutes« des Quintilian, die technischen Abhandlungen des Frontinus, die Gedichte Statius' und die Satiren Martials. Aus der Regierungszeit Trajans und Hadrians stammen die Briefe Plinius' des Jüngeren, die Satieren Juvenals, Suetons Kaiserbiographien und die historischen Werke des Tacitus.

Es war für Italier üblicher, griechisch zu lernen, als für Provinzbewohner lateinisch. Für eine juristische oder politische Karriere war Latein allerdings unentbehrlich. In den Provinzen wurde Latein nur in amtlichen oder militärischen Dokumenten gebraucht. Die Inschrift auf dem Kreuz Jesu war in Latein, Griechisch und Hebräisch oder Aramäisch. Außer den lateinischen Eigennamen gibt es im griechischen Neuen Testament nur 25 lateinische Ausdrücke, die meisten im Markusevangelium, das, wie vermutet wird, in Rom geschrieben wurde.

Eine interessante lateinische Inschrift wurde 1961 bei den Ausgrabungen am Theater von Cäsarea entdeckt. Sie erwähnt erstmals Pontius Pilatus und bezieht sich auf einen Tempel, der der Verehrung des Kaisers Tiberius geweiht war.

Der erste große christliche Theologe, der in Latein schrieb, war Tertullian von Karthago (197–222 n. Chr.); die Bibel zitierte er allerdings auf Griechisch. Cyprian, der Bischof von Karthago (200–258 n. Chr.), zitierte die Bibel aus einer lateinischen Übersetzung, der *Itala*. Vor allem Hieronymus (347–420 n. Chr.) machte Latein zur westlichen Kirchensprache. 25 Jahre lang arbeitete er an einer lateinischen Übersetzung der Bibel, der *Vulgata*.

Mosaik: Vergil in Begleitung zweier Musen, den Schutzgöttinnen der Künste, schreibt die Änäis.

Sklaven mit dem Abschreiben von Handschriften. Kaiser Trajan richtete die prachtvolle *Bibliothek ca. Ulpia* ein mit griechischen und römischen Werken und Leseräumen. Hadrian errichtete eine Bibliothek in Athen, von der heute noch eine Mauer steht. Im 4. Jh. n. Chr. gab es schon 29 öffentliche Büchereien in Rom.

Bibliotheken wurden auch errichtet von dem christlichen Gelehrten Origenes (185–254) in Cäsarea und von Bischof Alexander in Jerusalem vor 212 n. Chr.

Die Medizin in der Antike

Hippokrates von Cos (460–380 v. Chr.) war der legendäre »Vater der Medizin«. Dabei stammt keine der medizinischen Schriften von 450 bis 350 v. Chr., die mit seinem Namen verbunden werden, mit Sicherheit von ihm. Ärzte schwören bis heute den sogenannten »Hippokratischen Eid«, in dem sie sich verpflichten, ihre Heilkunst ausschließlich zur Heilung des Patienten einzusetzen.

Empedokles von Agrigent (490–435 v. Chr.) gründete eine Ärzteschule, die lehrte, jede Krankheit beruhe auf dem Ungleichgewicht der vier Körpersäfte, Blut, Phlegma, gelber und schwarzer Galle.

Herophilus von Chalcedon (frühes 3. Jh. v. Chr.) führte Forschungen in Alexandria durch. Er sezierte nicht nur Leichen, er führte auch Vivisektionen an Kriminellen durch. Er erkannte, daß das Gehirn das Zentrum der Intelligenz war (die Ägypter

Das Äsculapium war ein Gesundheitszentrum, das in Pergamon von einem Mann aus der Stadt gestiftet wurde; er wurde in Epidaurus (Griechenland) am Schrein Äskulaps, des Gottes der Heilkunst, geheilt. Das Zentrum enthielt einen Tempel, eine Bibliothek, ein Theater und Schlafunterkünfte.
Unten: Der Gewölbegang zum Behandlungsraum. Manchmal wurde kaltes Wasser auf die Menschen gegossen, wenn sie gerade hindurchgingen, eine Schocktherapie.
Rechts: Blick auf das Äsculapium

hatten es als bloße Füllung des Kopfes abetan). Herophilus unterschied schon zwischen Sinnes- und Bewegungsnerven und zwischen Vene und Arterie. Im Gegensatz zur hippokratischen Schule, die lehrte, daß Arterien Luft enthielten, behauptete er, daß sie Blut transportierten.

Ein anderer medizinischer Gelehrter aus dem Alexandria des 3. Jahrhunderts war **Erasistratos von Chios.** Er hielt Überernährung für die Ursache von Krankheit und verordnete Diät als Heilmittel. Er demonstrierte, daß Tiere an Gewicht verloren, wenn sie arbeiteten.

Im römischen Reich war die hervorragende medizinische Autorität **Galen von Pergamon** (130–201 n. Chr.), der in Smyrna, Alexandria und Korinth studierte. Er gehörte zur Schule der »Dogmatiker«, die sich für die alleinigen Vertreter der Wahrheit hielten. Galen war Arzt der Kaiser von Marc Aurel bis Septimius Severus. Er kam zu Fehlschlüssen, weil er ausschließlich Tiere sezierte.

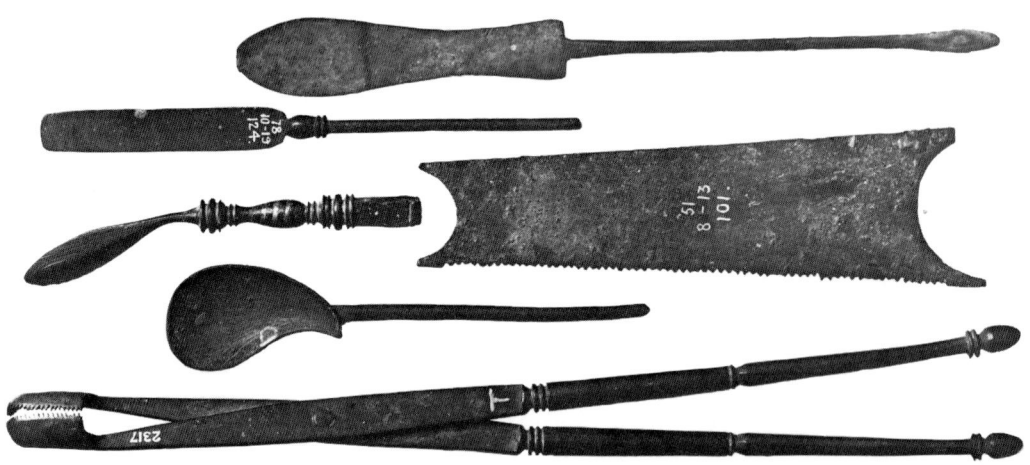

Sammlung chirurgischer Instrumente römischer Ärzte

Soranus von Ephesus (2. Jh. n. Chr.) war leitendes Mitglied der »Methodistenschule« der Medizin. Die »Methodisten« erkannten nur 3 Krankheiten an: übermäßige Trockenheit, Feuchtigkeit und Unausgeglichenheit des Gemüts. Soranus schrieb die Abhandlung »Wie man erkennt, wann ein neugeborenes Kind wert ist, aufgezogen zu werden«. Sein wichtigstes Werk behandelt die Gynäkologie.

Von den Rezepten des **Heiligtums des Äskulap** berichtet der Rhetoriklehrer Aelius Aristides (117–187 n. Chr.). Er hatte verschiedene Leiden wie Asthma und Wassersucht. Bei hohem Fieber sollte er im eiskalten Fluß baden und dann eine Meile rennen. Ein anderes Mal wurde er in Decken gehüllt, in warme Bäder getaucht und zur Ader gelassen. (Der Aderlaß bedeutete in der Antike vielleicht ebenso oft das Ende des Patienten wie das der Krankheit.)

Römische Städte

Die Bauten der Römer

Die Römer erfanden den Zement, indem sie zwei Teile vulkanische Asche, *Pozzolana* (nach der Stadt Puteoli), mit einem Teil Kalk mischten. Mit diesem leichten Mörtel schufen sie prächtige Bögen, Wölbungen und Kuppeln. Agrippas Pantheon in Rom, eine der eindrucksvollsten Kuppeln, die je gebaut wurden, hat einen Durchmesser von 45 m. Der Palast Domitians hatte Tonnengewölbe von 30 m Durchmesser.

Trotz ihrer architektonischen Fertigkeit konnten sich nur wenige Römer ein Einzelhaus leisten. In Rom gab es 26 Häuserblocks auf jedes Privathaus. Die in Pompeji und Herculaneum erhaltenen Luxusvillen sind das krasse Gegenteil der Wohnungen im römischen Hafen Ostia.

Profitgierige Grundbesitzer wie der Politiker Crassus bauten immer höhere Häuserblöcke, bis Kaiser Augustus ihre Höhe auf 21 m oder 6 Stockwerke begrenzte. Die teuersten Wohnungen lagen im Erdgeschoß, sofern dieses nicht durch Geschäfte *(tabernae)* eingenommen wurde. Je höher die Wohnung lag, desto billiger, unsauberer und überfüllter wurde sie. Die Mieten reichten von 30 000 Denar im Jahr für das Erdgeschoß bis zu 2 000 Denar für Wohnungen im Obergeschoß.

Eins der größten Probleme für die Bewohner der obersten Etagen bestand darin, Wasser hinaufzutragen. Wegen des billigen Baumaterials waren viele Wohnungen Feuerfallen. Juvenal schreibt:

»Auf Tivolis Höhen oder in einer Kleinstadt wie Gabii, sag: Wer fürchtet den Einsturz seines Hauses? Doch Rom wird getragen von Pfeifenstielen, Zündhölzern; es ist für den Hausbesitzer billiger, seine Ruinen abzustützen, seine alten, rissigen Mauern zusammenzuflicken und seinen Mietern kundzutun, sie könnten ruhig schlafen, obwohl die Balken über ihnen im Verfall sind.

Nein, der Ort zum Leben ist, wo keiner »Feuer!« ruft, nachts der Alarm klingt, und ein Nachbar nach Wasser schreit, während er sein Hab und Gut fortschafft, und der ganze 3. Stock in Rauch gehüllt ist.«

Für die Feuerbekämpfung wurden 3 000 »Vigiles«, Polizisten und Feuerwehrleute in einem eingesetzt. Das Feuer, das 64 n. Chr. Rom zerstörte, war nur eines von vielen.

Nächste Seite: Ein Modell Roms, wie es wahrscheinlich im 4. Jh. v.Chr. ausgesehen hat. Auf der linken Seite ist der Circus Maximus zu sehen, in dem 250 000 Zuschauer Platz fanden. Dahinter befinden sich einige kaiserliche Bauwerke, die auf dem Palatinshügel errichtet wurden, um das Kolosseum. Durch die gesamte Stadt winden sich die Bögen des Aquädukts von Kaiser Claudius. Im Vordergrund sieht man das Ostufer des Tiber und einige Warenhäuser, die das Ufer säumten.

Ein römisches Lokal in Pompeji. Speisen und Getränke wurden im Tresen aufbewahrt und den Gästen auf der Straße serviert.

Aquädukte

Römische Aquädukte bestanden aus zementierten rechteckigen Rohrleitungen, von Bögen getragen. Das Photo zeigt den Aquädukt Pont du Gard in Frankreich.

Herausragende Beispiele für die Geschicklichkeit römischer Techniker sind die Aquädukte, die in Rom und anderswo gebaut wurden. Das erste Aquädukt für Rom wurde 312 v. Chr. gebaut. Größere noch wurden von Agrippa unter Augustus sowie unter Kaiser Claudius gebaut. Man schätzt,

daß diese der Stadt Rom täglich 900–1400 Millionen Liter Wasser lieferten. Mit berechtigtem Stolz erklärte Frontinus, der Aufseher der Wasserversorgung: »Kann man die unnützen Pyramiden oder die anderen zwar berühmten, aber zwecklosen Werke der Griechen vergleichen mit den Aquädukten, diesen unentbehrlichen Bauwerken?«

In Cäsarea (Palästina) haben Archäologen die Überreste eines zweigeschossigen Aquädukts freigelegt. Dieses brachte über ein Bögensystem Wasser von 5 Meilen her durch ein Sumpfgebiet. Der dreistöckige Pont du Gard in Nimes führte Wasser über ein Flußtal. Das zweigeschossige Aquädukt in Segovia, Teil eines 96 km langen Systems des Augustus, ist noch heute in Gebrauch.

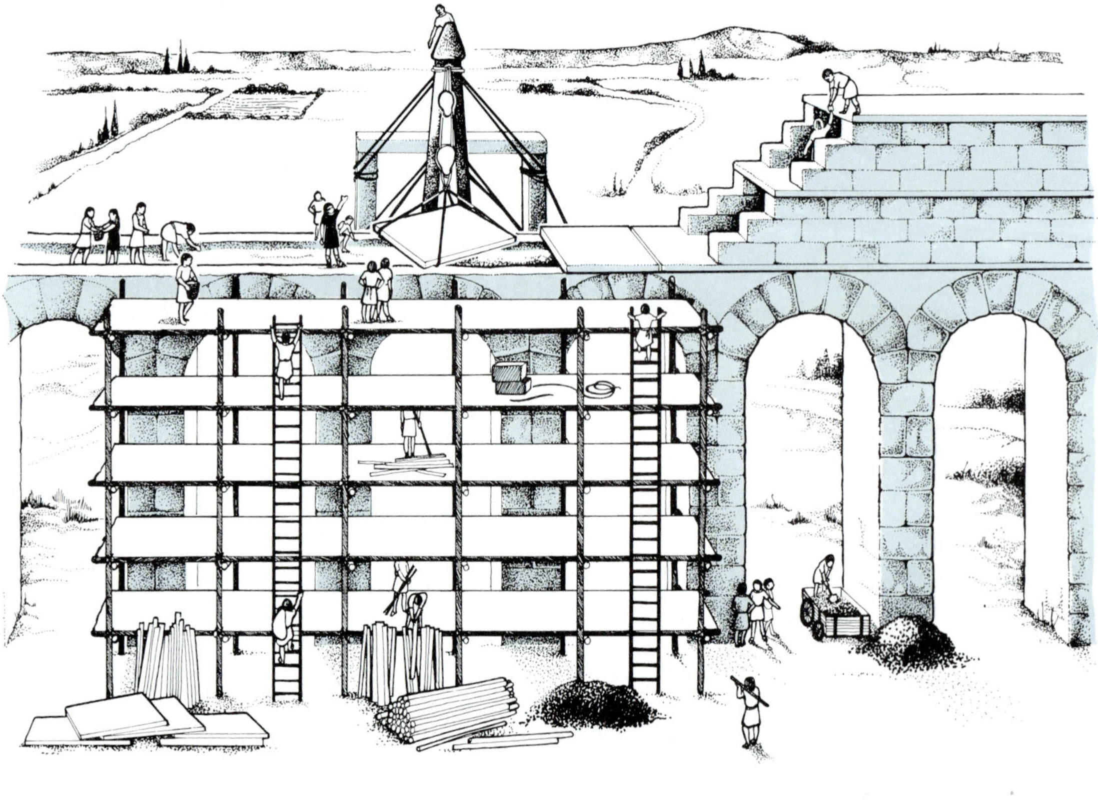

Abfallbeseitigung

Als Paulus seine Leistungen mit der Herrlichkeit der Christuserkenntnis verglich, erschienen ihm

diese Leistungen wie »Unrat«. Er benutzt hier ein Wort, das sonst den Abfall bezeichnet, der oft aus

Die Überreste der Bedürfnisanstalt in Ostia, Italien

dem Fenster geworfen wurde für die Hunde. Weil auch die Bewohner der oberen Stockwerke so ihre Abfallprobleme lösten, warnte Juvenal:

»Achte auf die Gefahren der Nacht.

Wie hoch es ist zum Gesims, das abbricht, und ein dickes Stück schlägt meinen Schädel ein; oder ein Flegel wirft eine zerbrochene oder gesprungene Kanne aus dem Fenster.

Es gibt so viele Tote in der Nacht wie geöffnete Fenster, an denen man vorbeikommt; wenn du klug bist, betest du ganz jämmerlich, daß die Leute sich doch damit zufrieden gäben, nur ihre Spülschüsseln zu leeren!«

Bewohner der oberen Stockwerke sollten ihr Nachtgeschirr in die Abwasserkanäle leeren. Aber sie schütteten den Inhalt oft einfach aus dem Fenster, sehr zur Freude unvorsichtiger Passanten! Öffentliche Bedürfnisanstalten wurden vor Wäschereien eingerichtet, da man Urin zum Wäschereinigen gebrauchte. Die Latrinen wurden mit Wasser aus dem Aquädukt in Abwässerkanäle ausgespült, wovon die größte, die *Cloaca Maxima,* im Tiber mündete.

Die römischen Bäder

Die wichtigste Annehmlichkeit, die die Römer, arm und reich, genießen konnten, waren die öffentlichen Bäder. Zuerst kostete der Eintritt eine kleine Gebühr, später war er gratis. In der Zeit des Augustus gab es 170 Bäder in Rom; dann wurden sie so beliebt, daß es vor dem Ende des 1. Jahrhunderts n. Chr. fast 1 000 waren, meist kleine Einrichtungen.

Die Kaiser errichteten ausgesprochen verschwenderische Bäder; Neros hatte 1 600 marmorne Badeplätze. Die größten waren die Bäder des Caracalla mit 33 Morgen und die Bäder des Diocletian mit 32 Morgen, beide aus dem 3. Jh. n. Chr.

Die Bäder bestanden aus verschiedenen Räumen: dem Ankleideraum *(apodyterium),* Salbraum *(unctorium).* Dampfraum *(laconocum),* dem heißen Bad *(caldarium),* warmen Bad *(tepidarium)* und kalten Bad *(frigidarium).* Die kaiserlichen Thermen waren mehr als Bäder; sie waren kleine Städte. Es gab Räume für Ringkämpfe und Leibesübungen, Bibliotheken, Museen, Gärten, Geschäfte, Restaurants, Spielräume und Bordelle. Die Bäder öffneten mittags und schlossen bei Sonnenuntergang. Männer und Frauen badeten zusammen; erst nach der Regierungszeit Hadrians kamen Frauen während der frühen Stunden und Männer später. Die Bäder wimmelten von Menschen und waren extrem laut. Der Schriftsteller Seneca, der eine Weile über einem öffentlichen Bad wohnte, beschrieb die Szene so:

»Wenn dein vielbeschäftigter Herr sich z.B. trainiert durch Bleigewichte-Schwingen, wenn er hart arbeitet oder es vortäuscht, kann ich ihn grunzen hören, und wenn er seinen verhaltenen Atem freiläßt, höre ich ihn schnaufen in den höchsten Tönen . . . Dazu kommt die Festnahme eines Krakeelers oder Taschendiebs, Lärm des Mannes, der immer seine eigene Stimme im Bad hören will, oder des Enthusiasten, der mit ungeheurem Krach und Spritzen ins Schwimmbecken springt.«

Bäder wurden für solch ein unerläßliches Kennzeichen eines zivilisierten Lebens gehalten, daß König Herodes der Große Thermen bauen ließ in Herodium, Machaerus und Masada in Palästina – obwohl dort Wasser sehr knapp war.

Die Bäder des Caracalla, einst ein Erholungszentrum für die Bevölkerung Roms

Die Römerstraßen

Eine römische Straße wird gebaut. Erst wurde ein Fundament aus Sand oder Kalkmörtel gelegt, eine Schicht aus Bruchsteinen und Kies kam darüber, und als harte Oberfläche wurden Steinblöcke einzementiert. Für das Regenwasser gab es Abflußrinnen. Schrittsteine verlangsamten den Verkehr in den Städten und ermöglichten den Fußgängern, trockenen Fußes die Straße zu überqueren.

Die Straßen Roms waren meistens eng, zwischen 4 und 5 Metern breit. An den Kreuzungen waren oft Schrittsteine ins Pflaster eingelassen, heute noch zu sehen in Pompeji.

Wegen der wachsenden Verkehrsprobleme Roms verbot Cäsar zwischen Sonnenaufgang und 4 Uhr nachmittags alle Fahrzeuge außer Wagen zum Aufbauen oder Abreißen, Triumphwagen, Beer-

angehalten werden, genug, um den schläfrigsten Sohn einer Seekuh zu frustrieren.«

Eine der eindrucksvollsten Leistungen der Römer war das Straßennetz, das sie ausbauten, um ihr ausgedehntes Weltreich zusammenzuhalten. Die wichtigsten Straßen wurden schon im 3. Jh. v. Chr. begonnen, aber sie wurden vor allem in den frühen Jahren des Kaiserreichs ausgebaut.

Das ›Große Bad‹ war ein Teil des ganzen Komplexes von Bädern, die damals von den Römern in Aquae Sulis (der heutigen Stadt Bath in England) erbaut wurden. Noch immer wird es von einem Wasserstrom aus einer heißen Quelle versorgt, die einst der Göttin Minerva geweiht war. In römischen Zeiten war das Bad zunächst mit einem hölzernen Dach bedeckt, später jedoch von einem gewaltigen säulengestützten Steingewölbe; diese Säulen umgeben das Bad noch heute.

digungszügen und den Kutschen der Vestalinnen und Priester. So rumpelten die meisten Güterwagen abends oder nachts durch die Stadt, so daß die Stadtbewohner ständig geweckt wurden. Juvenal klagte:

»Wer außer den Reichen kann sich Schlaf und eine Gartenwohnung leisten?

Das ist die Quelle der Seuche. Die Räder quietschen auf den engen Straßen des Bezirks, die Fahrer zanken und lärmen, wenn sie

Alles in allem bauten die Römer 250 000 Meilen gepflasterte Straße, viele davon ganz neu und pfeilgerade.

Beim Bau der Straße wurde zunächst ein Graben von etwa 1 Meter Tiefe ausgehoben. Es folgten Schichten aus Sand, Steinen, Kies und Zement, und den Abschluß bildeten dann die Kopfsteine, mit Mörtel verfugt. In Städten bestand das Pflaster aus flachen Platten; anderswo waren es unregelmäßige Steine.

Ein Stück der Via Egnatia, einer römischen Straße, die durch den Norden Griechenlands verläuft und die adriati- **sche Küste mit dem Bosporus verbindet. Das Bild wurde bei Philippi aufgenommen.**

Die Römer bauten großartige Flußbrücken, wovon einige noch stehen, z.B. der Ponto Grosso auf der Via Flaminia von Rom nach Rimini. Die guterhaltene Brücke über den Tagus in Lusitania (Portugal) ist 188 m lang, und ihre Bögen messen 27 m im Durchmesser. Sie wurde von 11 führenden Bürgern bezahlt.

Die Straßen wurden vom goldenen Meilenstein im Forum Roms aus gemessen. Die römische Meile maß 1000 (= *mille*) Schritt, etwa 1480 Meter. 1,8 bis 2,4 m hohe Steinpfähle wurden zur Markierung jeder Meile errichtet. Zuerst bezeichneten sie nur die Distanz; in der Kaiserzeit wiesen sie auch den Namen des Kaisers auf. Ein Meilenstein in Jugoslawien berichtet, daß Trajan »diese

Straße baute, indem er Berge durchschnitt und Kurven entfernte«. In Ägypten informiert ein Meilenstein, daß Hadrian die Straße versah »mit ergiebigen Zisternen, Raststationen und Garnisonen in Abständen der Straße lang«.

Fünf Hauptstraßen gingen von Rom aus, darunter die berühmte *Via Appia* des Appius Claudius von 321 v. Chr. von Rom nach Capua. In Capua bei Neapel teilte sich die Straße: Ein Zweig führte nach Messina im Zeh Italiens, der andere nach Brundisium in der Ferse Italiens. Die *Via Appia* war ungewöhnlich breit, zwischen 4 und 6 Metern, so daß zwei Wagen aneinander vorbei fahren konnten.

Die *Via Egnatia* verlief von Dyrrhachium an der Westküste Mazedoniens nach Thessalonich, Amphipolis, Philippi und nach Konstantinopel, eine Distanz von über 800 Kilometern. Diese Strecke nahmen auch Paulus, Silas und Timotheus auf ihren Missionsreisen.

Einige der Straßen in Palästina sind schon in der Zeit des Kaisers Augustus gebaut, doch die meisten der 50 000 gepflasterten Straßen in Palästina und Syrien wurden unter Trajan und Hadrian gebaut. Die berühmte »Straße, die man die Gerade nennt« *(Via Recta)* in Damaskus, wo Paulus war (Apostelgesch. 9,11), wird heute die Bab Sharqi Straße genannt. Man sieht noch einen römischen Bogen, den die Syrer 4 m unter der heutigen Straßenoberfläche fanden, und einen dreifachen Bogen am Ostende der Straße.

Das römische Straßennetz wurde hauptsächlich für die schnelle Fortbewegung der Truppen und für die kaiserliche Postzustellung geschaffen. Nach dem Vorbild des persischen »Ponyexpresses« gab es alle 16 km eine Pferdewechselstation und alle 40 km ein Rasthaus. Kuriere schafften durchschnittlich 192 km am Tag.

Es gab auch Herbergen für die Allgemeinheit. Römische Christen

trafen Paulus nach seiner Ankunft in Italien an einem Ort genannt »Drei Tavernen«, 69 km
von Rom (Apostelgesch. 28,15).
Oft hatten diese Einrichtungen
einen schlechten Ruf wegen un-
redlicher Gastwirte, auflauernder
Straßenräuber oder von Ungezie-
fer verseuchter Zimmer. Die
Wohlhabenden, die mit großem
Gefolge reisten, zogen es vor, ihre
eigenen Zelte aufzuschlagen, wo
das Klima es erlaubte. Ein Netz
von Freunden, die eine Unter-
kunft anbieten konnten, machte
das Reisen viel angenehmer.

Das durchschnittliche Reise-
tempo für Fußgänger betrug 4,8
km pro Stunde. Soldaten mußten
6,4 km in der Stunde marschieren
und bei beschleunigtem Tempo
8 km pro Stunde. Die durchschnittliche Tagesstrecke zu Fuß
lag bei 24–32 km; 32 km für
Eselkarawanen und 40–80 km für
Wagen. Julius Cäsar schaffte
einmal die 1240 km von der

Rhone nach Rom in 8 Tagen. Tiberius hielt den Rekord mit 25
Stunden für 320 km.

Das ausgezeichnete römische
Straßennetz kam christlichen
Missionaren wie Paulus bei der
Verbreitung der christlichen fro-
hen Botschaft zustatten. Irenäus
aus Frankreich schrieb 180 n.
Chr.: »Die Römer haben der Welt
den Frieden gegeben, und wir
können ohne Furcht die Straßen
entlang und über das Meer reisen, wohin immer wir wollen.«

Die Christen praktizierten Gast-
freundschaft und bildeten eine
weltweite Gemeinschaft, die Reisenden half. Die *Didache,* eine
frühchristliche Schrift, warnte vor
dem Mißbrauch christlicher Gast-
freundschaft: »Empfange jeden
Apostel, wenn er zu dir kommt,
wie den Herrn; aber er soll nicht
länger als einen Tag bleiben
oder, wenn nötig, zwei. Bleibt er
aber 3 Tage, ist er ein falscher
Prophet.«

Römische Straßen

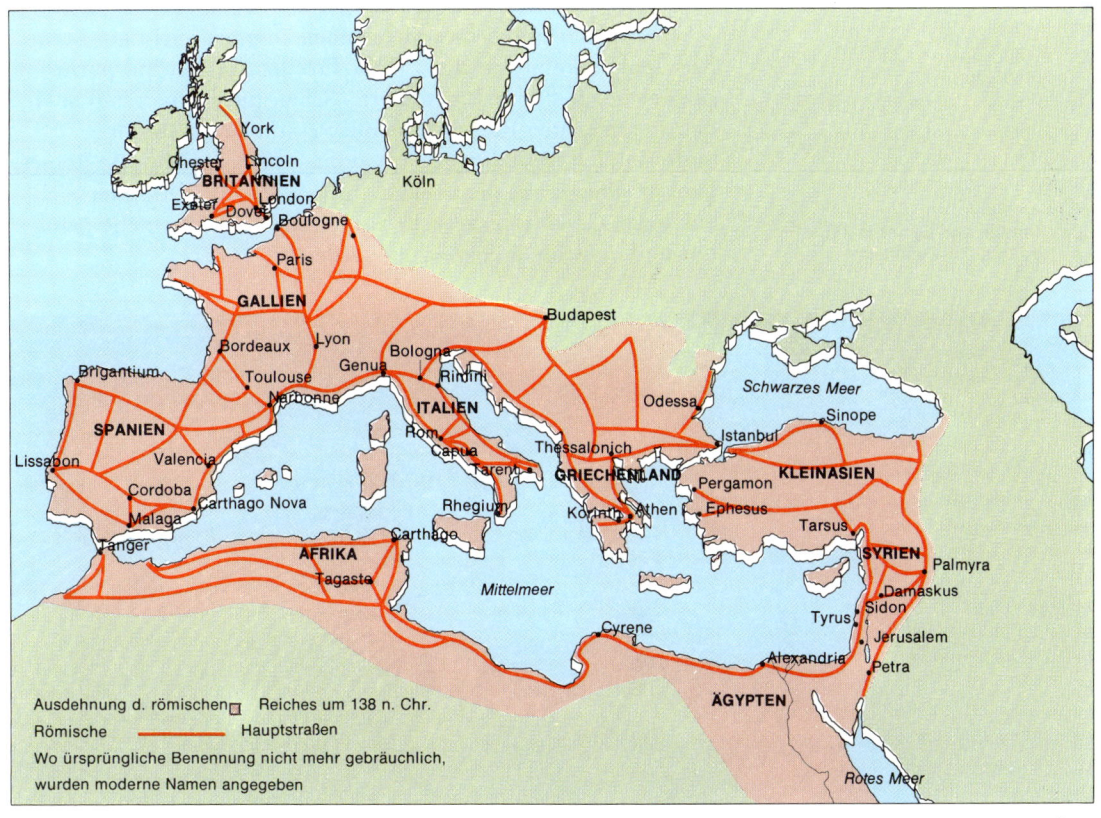

Ausdehnung d. römischen
Reiches um 138 n. Chr.
Römische ———— Hauptstraßen
Wo ürsprüngliche Benennung nicht mehr gebräuchlich,
wurden moderne Namen angegeben

Sport und Zeitvertreib

Römisches Schauspiel

Das römische Drama entwickelte sich relativ spät während der Republik und in bewußter Anlehnung an das griechische. Römische Tragödien waren nie populär, und die des Seneca waren eher für den Vortrag als für die Aufführung gedacht. Plautus (254–194 v. Chr.) und Terenz (195–159 v. Chr.) waren die erfolgreichsten Komödiendichter. Sie arbeiteten frei nach Menander, dem griechischen Dichter der Neuen Komödie, denn die Römer lachten gern über die Schwächen der Griechen.

Holztheater wurden schon 179 v. Chr. gebaut. Das erste Steintheater mit 28000 Sitzplätzen wurde für Pompejus 55 v. Chr. gebaut, das Theater des Balbus, 13 v. Chr. in Rom, hatte 8000 Plätze. Das Theater des Marcellus, 11 n. Chr. mit 15000 Plätzen, wurde in Wohnungen umgebaut und steht noch heute. Ein Historiker erklärt, daß »das Theater tatsächlich zu groß für das Schauspiel war«. Die Handlung wurde für die riesigen ungebildeten Zuschauermengen stark vereinfacht.

Schauspieler und Schauspielerinnen konnten leicht an ihren Kostümen erkannt werden: weiße für alte Männer, purpurne für Reiche, gelbe für Prostituierte. Schauspielerinnen hatten einen so schlechten Ruf, daß sie mit Prostituierten auf einer Stufe standen. Ballett und Pantomime waren beliebt. Die Römer liebten »Stücke aus dem Leben«, worin Schauspielerinnen sich auszogen, Geschlechtsverkehr vorgeführt und Kriminelle gefoltert und manchmal gekreuzigt wurden.

Das Theater von Ephesus hatte Sitzplätze für 25000 Zuschauer.

Wagenrennen Wagenrennen waren der spannendste Sport in Rom und wurden im Circus Maximus unterhalb des Palatin veranstaltet. Das große Hippodrom, das noch heute steht, ist 200 m breit und 600 m lang. Zur Zeit der Flavier fanden 255 000 Zuschauer Platz.

Die Wagen, gewöhnlich von vier Pferden gezogen, umkreisten siebenmal die Insel in der Mitte – eine Strecke von mehr als 3 km. Das Geschick der Wagenlenker lag darin, die Linkskurven so eng wie möglich zu nehmen. Die Spannung lag, wie bei modernen Autorennen, im Element der Gefahr. Die Menge erwartete sensationelle Zusammenstöße oder daß ein Fahrer zu Tode geschleift wurde.

Die Rennen gehörten zu den beliebtesten Gesprächsthemen. Der Historiker Tacitus rief aus: »Es gibt nur wenige Leute, die zu Hause von anderen Dingen reden; und wenn wir auch einen Klassenraum betreten, worüber anders geht die Unterhaltung der Jugend?« Lehrer beklagten sich, daß ihre Schüler sich im

Wagenrennen waren ein beliebter, aber gefährlicher Sport.

Unterricht an Tagen, wenn Rennen stattfanden, nicht konzentrieren konnten, weil das Geschrei der Menge in der ganzen Stadt zu hören war. Kleine Jungen spielten mit von Ziegen und Hunden gezogenen Spielzeugwagen.

Die Wagen und ihre Fahrer wurden von 4 Gruppen finanziell gefördert, den Weißen, Grünen, Blauen und Roten. Die aus den unteren Gesellschaftsschichten stammenden Fahrer wurden reich und berühmt, wenn sie gewannen. Der Schreiber Juvenal erklärte: »Hundert Juristen verdienen kaum so viel wie der rote Rennfahrer ›Die Eidechse‹.« Diocles, ein Fahrer für die Roten um 150 n. Chr., gewann über 2 000 Rennen und kassierte über 35 Millionen Sesterzen.

Am Rande der Rennen wurde fanatisch gewettet. Als Poppäa die Sucht ihres Mannes Nero nach Rennen kritisierte, trat er seiner schwangeren Frau in den Bauch und verursachte ihren Tod. Wie die Fans bei Fußballspielen gingen die Anhänger rivalisierender Mannschaften oft gewaltsam aufeinander los. Der schlimmste Zwischenfall ereignete sich 532 n. Chr. in der Rennbahn von Konstantinopel: der berüchtigte Tumult von Nika. Die Anhänger der Grünen und Blauen kämpften gegeneinander; über 30 000 Menschen wurden getötet. 549 n.Chr. wurden Wagenrennen dann verboten.

Die Gladiatorenkämpfe

Zu den schlimmsten Erscheinungen der römischen Kultur gehörten die Gladiatorenkämpfe, die im Laufe der Jahrhunderte immer beliebter wurden.

Die Spiele gehen auf die frühen Einwohner Roms, die Etrusker, zurück, die ihre Kriegsgefangenen den Geistern ihrer eigenen gefallenen Krieger opferten. Während der römischen Republik war es üblich, daß die »Bürgermeister« diese Spiele aus der eigenen Kasse förderten, um sich beim Volk beliebt zu machen. Julius Cäsar erzielte große Wirkung, als er 65 v.Chr. Kämpfe zwischen 320 Gladiatorenpaaren abhalten ließ.

Augustus finanzierte 27 Aufführungen, in denen insgesamt 10 000 Kämpfer auftraten, und 26 Wettkämpfe mit afrikanischen Tieren, wobei 3 500 Tiere getötet wurden. Als Kaiser Titus das flavische Amphitheater 80 n.Chr. einweihte, hielt er 100 Tage lang Spiele ab, in denen er 2 500 Gefangene aus Judäa einsetzte. Trajan feierte seinen Sieg über Dakien mit 4 Monate dauernden Spielen und 5 000 Paaren von Gladiatoren.

Es gab relativ wenig Protest gegen die Brutalität der Spiele.

Querschnitt durch das Kolosseum, ursprünglich als das Flavische Amphitheater bekannt. Es faßte über 50 000 Zuschauer, die durch ein Schutzdach vor der Sonne geschützt wurden. Die Hauptarena maß 80 m mal 50 m. Das Amphitheater war mit unterirdischen Gehegen für Tiere ausgestattet und mechanischen Aufzügen, um sie ins Erdgeschoß zu transportieren. Für Seeschlachten konnte es geflutet werden.

Zur Zeit Cäsars gab es 132 Feiertage im Jahr. Unter der Regierung des Claudius stieg die Zahl auf 159 an, und 93 davon waren den Gladiatorenspielen gewidmet. Im 3. Jh. n. Chr. gab es 200 Feiertage, 175 davon für die Spiele, insgesamt mehr Feiertage als Arbeitstage im Jahr.

Zu den Spielen gehörten die Jagd auf wilde Tiere bzw. der Kampf gegen sie. Bei der Beschaffung der Tiere für diese Schauspiele wurden ganze Arten wie die Flußpferde aus Nubien, Elefanten aus Nordafrika und Löwen aus Mesopotamien ausgerottet. Die Römer wollten möglichst bizarre Schauspiele. Deshalb führte Cäsar die Giraffe ein, Tiger kamen aus dem Partherreich, Nashörner und Krokodile wurden ebenfalls eingeführt. Der Redner Cicero war entsetzt: »Welches Vergnügen kann ein kultivierter Mensch dabei empfinden, wenn er ein riesiges Tier einen Mann in Stücke reißen sieht oder ein außergewöhnliches Tier von einem Speer durchbohrt?«

Die Menschen, die zum Kämpfen gezwungen wurden, waren gewöhnlich Kriminielle oder Kriegsgefangene. Es gab aber auch berufsmäßige Gladiatoren, die in Schulen in Rom, Capua und Pompeji trainiert wurden. Juvenal erklärte seinen Abscheu vor der »Frauenbefreiungsbewegung« seiner Zeit, die so weit ging, weibliche Gladiatoren zu fordern.

Die »Samniten« genannten Gladiatoren kämpften in schwerer Bewaffnung, der »Retarius« mit Netz, Dolch und Dreizack. Die Kämpfer riefen vor der Kaisertribüne: »Heil, Kaiser, die Todgeweihten grüßen dich.« Fiel ein Mann, konnte die Menge um sein Leben oder seinen Tod bitten. Wollten sie ihn schonen, hoben sie den Daumen hoch, sollte er sterben, zeigten sie mit dem Daumen zu Boden, und das Opfer wurde getötet. Die Leiche wurde entfernt, der Sand wurde übergeharkt, und neue Kämpfer konnten antreten.

Gladiatorenchampions, dargestellt auf einem römischen Mosaik des 4. Jahrhunderts n. Chr.

Gladiatoren kämpften buchstäblich um ihr Leben. Das Bild zeigt einen Retarius mit Netz und Dreizack gegen einen Samniten, der mit Schwert und Schild bewaffnet ist.

Cicero bemerkte nur: »Diese Art von Schauspiel erscheint manchen Augen leicht brutal und grausam, und ich neige auch dazu, das zu denken, so wie es jetzt geführt wird.« Seneca wandte sich gegen das sinnlose Töten, das sogar während der Pausen weiterging: »Der Ausgang jedes Kampfes ist der Tod; es gibt keine Gnade. Und das geht weiter, selbst wenn die Tribünen leer sind. ›Aber der Bursche war ein Straßenräuber; er hat jemanden umgebracht!‹ Na und? Weil der einen Menschen getötet hat, verdient er dieses Los, aber was hast du getan, armer Mann, daß du verdient hast, dir dies ansehen zu müssen?« Nur wenige Kaiser wie Tiberus und Marc Aurel mißbilligten die Spiele. Marc Aurels unwürdiger Sohn Commodus nahm gern selbst an diesen Spielen teil.

Jüdische Rabbiner wandten sich gegen die Spiele wegen der damit verbundenen Abgötterei. Rabbi Meir sagte: »Es ist wegen Götzendienst verboten, zu den Amphitheatern der Heiden zu gehen.« Eine jüdische Schrift über Götzenverehrung erklärt: »Es ist erlaubt, ins heidnische Amphitheater zu gehen, wenn man im Geschäftsleben steht. Wenn man ein führendes Mitglied der jüdischen Gemeinde ist, ist es verboten. Eine Person, die im Stadion sitzt, ist schuldig des Blutvergießens. Rabbi Nathan erlaubt es, weil man als Zuschauer um Gnade rufen und so Leben retten kann; und er könnte bezeugen (daß einer Frau

Für die Spiele wurden wilde Tiere gejagt und nach Rom gebracht. Dieses Mosaik aus dem 3. oder 4. Jh. n. Chr. aus Sizilien zeigt, wie eine Tigerin gefangen wird.

Ehemann getötet worden ist,) und so einer Frau die Wiederheirat ermöglichen.«

Seit der Zeit des großen Brands von Rom zur Zeit Neros (64 n.Chr.) stellten Christen viele der Opfer für die Spiele. Tacitus beschrieb die Grausamkeit Neros: »Zu ihrem Tod kam noch Spott jeder Art. Sie wurden in Tierhäute gehüllt und von Hunden zerrissen, gekreuzigt oder zum Flammentod verurteilt, um als nächtliche Beleuchtung zu dienen, wenn kein Tageslicht mehr war.« Später wurden Christen zum Sündenbock für Unheil wie Pest oder Hungersnot. Nach dem christlichen Schreiber Tertullian erschallte stets der Ruf: »Die Christen vor die Löwen!«

Durch Honorius wurden 404 n.Chr. Gladiatorenspiele verboten; aber Spiele, bei denen Tiere getötet wurden, gab es noch bis 681 n.Chr.

Die Religion der Römer

Die römischen Götter

Die römische Religion ging von der Verehrung einer geheimnisvollen, unpersönlichen Macht *(numen)* aus, die die ganze Natur erfüllte. Die Römer legten starkes Gewicht auf ordnungsgemäße Riten. Das Wort »Religion« kommt von dem lateinischen Wort für »binden«; Religion war ein Vertrag, etwa so zusammengefaßt: »Ich gebe, damit du gibst.«

Die Römer waren bemüht, den »Frieden der Götter« zu wahren durch Sündopfer und Gastmähler, in denen Bilder der Götter aufgestellt wurden. Jeder Römer opferte zu den Mahlzeiten den Geistern des Hofes und der Speisekammer. In der Zeit der Republik übernahmen die Römer viele griechische Mythen und identifizierten griechische Götter mit ihren eigenen Gottheiten.

Jupiter (griech. Zeus) war der »Beste und Größte«. Sein Tempel auf dem Kapitol Roms, nach etruskischem Vorbild, war der bedeutendste. Man glaubte, daß er seinen Willen durch Blitz und Donner bekannt mache. Zum Jupitertempel machten siegreiche Generäle und Kaiser ihren Triumphzug, eine feierliche Prozession, in der Gefangene und Beute zur Schau gestellt wurden.

Juno (griech. Hera) herrschte über Frauen und Ehe. Ihr Monat, die 2. Junihälfte, war günstig für Hochzeiten. Ihr Tempel auf dem Kapitol, der »Mahner« *(moneta),* war Münzstätte.

Mars (griech. Ares), der Kriegsgott, war nach Jupiter der wichtigste. Seine Priester tanzten in voller Rüstung auf dem Campus Martius in dem nach ihm benannten Monat, März.

Vesta (griech. Hestia), die Göttin des staatlichen Herdes, wurde von 6 vestalischen Jungfrauen bedient, die sich für 30 Jahre verpflichten mußten. Jede Vestalin, der Unkeuschheit nachgewiesen wurde, wurde lebendig begraben. Die Jungfrauen mußten ein ewiges Feuer auf ihrem Altar hüten; es

Das beliebteste römische Fest waren die Saturnalien, Mitte Dezember zu Ehren des Saturn abgehalten, dem Gott des Ackerbaus. Alle, auch Sklaven, nahmen teil. Diese moderne Skulptur hat die enthemmte Stimmung des Festes eingefangen.

Ganz oben: Merkur, der Beschützer der Herden, Diebe und Kaufleute

Oben: Mars, Gott des Krieges

Unten: Jupiter, der oberste Gott der Römer

wurde erst 382 n.Chr. gelöscht.

Neptun (griech. Poseidon) war der Gott des Meeres und der Flüsse. Seine Priester waren die *pontifices,* wörtlich »Brücken-bauer«. Ihr Oberster war der *pontifex maximus,* ein gewählter Beamter, der den religiösen Kalender und die Opfer überwach-te. Dieser Titel überlebte und wird heute für den Papst der rö-misch-katholischen Kirche gebraucht.

Merkur (griech. Hermes) war der Gott der Kaufleute und Diebe – eine interessante Kombination. Sein Tempel stand auf dem Hügel Aventin in Rom.

Venus (griech. Aphrodite) war die Göttin der Liebe und Schönheit. Ein wichtiger Kult wurde 217 v.Chr. während des 2. Punischen Krieges eingeführt aus der phönizischen Kolonie Eryx im Westen Siziliens, wo Sakralprostitution geübt wurde. In Korinth gab es für diesen Kult tausend Sakralprostituierte, aber die Römer förderten diesen Brauch nicht.

Viele unserer Monatsnamen stammen aus der römischen Re-ligion. Der Januar wurde nach dem doppelgesichtigen Gott Ja-nus genannt; sein Tor wurde in Kriegszeiten offengehalten und in Zeiten des Friedens geschlossen. Gewöhnlich war es offen! Der Februar wurde nach den *februa* benannt, den Riten der Fruchtbarkeitsfeiern des Lupercus. Riemen aus den Häuten ge-weihter Ziegen und Hunde sollten unfruchtbare Frauen heilen. Der April ist der Monat, in dem die Erde sich wieder öffnet (*aperire* auf Latein). Mai kommt von *maius,* »größer«, einem Beinamen Jupiters. Der Juli wurde nach Julius Cäsar benannt und der August nach Augustus. September, Oktober, November und Dezember waren der 7., 8., 9. und 10. Monat (so die Be-deutung der lat. Namen), weil das römische Jahr ursprünglich im März begann.

Wahrsagerei

Die Voraussage zukünftiger und die Deutung vergangener Er-eignisse (Wahrsagung) spielte eine große Rolle im religiösen, politischen und militärischen Leben der Römer.

Außergewöhnliche Ereignisse wurden als Zeichen betrachtet, daß der Frieden der Götter gebrochen worden sei. Dazu gehör-ten Mißgeburten, z.B. Fohlen mit 5 Beinen, heiße Steine, die vom Himmel fielen, oder Schilde, die Blut schwitzten.

Die Römer bemühten sich vor allem, den Willen der Götter aus dem Verhalten der Vögel zu erkennen *(auspices).* Im Tem-pelbereich wurden Flug, Anzahl und Laute der Vögel beobach-tet. Auf ihren Feldzügen achteten sie auf die Fütterung der Hühner. Als einige der geweihten Hühner nicht fressen woll-ten, warf ein ungeduldiger Flottenkommandeur sie ins Meer mit den Worten: »Laß sie trinken, wenn sie nicht fressen wol-len!« – eine Lästerung, die ihm den Sieg der Schlacht gekostet haben soll.

Kein Feldzug und kein Staatsakt wurde angeordnet, ohne

vorher den Willen der Götter zu erfragen. Die Zeichen oder die Sterne zu mißachten bedeutete Unglück. Julius Cäsar wurde durch Träume und andere Vorzeichen vor seiner Ermordung gewarnt, aber er mißachtete sie.

Modellhände mit magischen Zeichen, um Böses abzuwehren

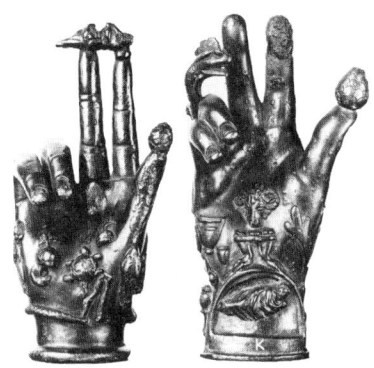

Die Römer lernten von ihren etruskischen Vorfahren die Deutung von Blitz und Donner, ebenso die Weissagung durch die Eingeweideschau geweihter Tiere. Wahrsager wurden auch den verschiedenen Militäreinheiten zugeteilt.

Die Ausübung der Wahrsagerei dauerte noch bis zum Ende des Kaiserreichs an. Als Christen das Kreuzzeichen machten, um die Opfer heidnischer Wahrsager zu bekämpfen, erzürnte das den Kaiser Diocletian und seinen Cäsar Galienus 298 n.Chr.; es endete mit einer grausamen Christenverfolgung. Sogar Kaiser Konstantin, der zwischen 318 und 320 n.Chr. Gesetze verabschiedete, die schwarze Magie verboten und Wahrsager am Betreten von Privathäusern hinderten, ließ Wahrsagerei zu, um herauszufinden, warum ein Blitz in ein öffentliches Gebäude einschlug.

Der Kaiserkult

Die Pharaonen im alten Ägypten wurden lange für göttlich gehalten. Alexander der Große verlangte, daß man sich vor ihm niederwarf, und sein Nachfolger in Ägypten, Ptolemäus, führte den Kult des göttlichen Königs fort. In griechischen Städten wurden schon im 2. Jh. v.Chr. den römischen Feldherren göttliche Ehren erwiesen. Julius Cäsar wurde 42 v.Chr., 2 Jahre nach seiner Ermordung, vom Senat für göttlich erklärt, und dieser Akt war die Grundlage für den Kaiserkult.

Kaiser Augustus ließ sich zwar vom Osten als Gott verehren, sträubte sich aber im Westen gegen diese Huldigung. Bei jedem öffentlichen und privaten Gastmahl wurde ein Trankopfer ausgegossen für seinen Schutzgeist. König Herodes der Große baute dem Augustus Tempel in Cäsarea und Sebaste. Die Dichter Vergil und Horaz priesen Augustus mit überschwenglichen Huldigungen. Aber als Agrippa 25 v.Chr. das Pantheon in Rom baute, weigerte Augustus sich, den Tempel sich selbst weihen zu lassen. Erst nach seinem Tod wurde er vom Senat in den Stand eines Gottes erhoben.

Kaiser Tiberius untersagte die Vergötterung seiner Mutter Livia. Als einem schlechten Kaiser wurde ihm selbst diese Ehre vom Senat versagt. Gaius Caligula, der geisteskranke Kaiser, verlangte nicht nur für sich selbst göttliche Ehren, sondern er vergötterte auch seine Schwester Drusilla nach ihrem Tod. Der Senat rächte sich nach seinem Tod, indem er sein Andenken schwärzte.

Claudius verweigerte die göttlichen Ehrungen, akzeptierte aber, daß ihm als Zeichen der Loyalität in der gerade eroberten Provinz Britannien ein Tempel geweiht wurde. Der eitle Kaiser Nero errichtete eine Kolossalstatue seiner selbst mit dem Gesicht des Sonnengottes Apollon Helios. Er lehnte es aber ab, einen Tempel des Gottes Nero in Rom zu errichten, und erklärte, daß »der Prinzeps nicht eher die Ehren eines Gottes erhält, bis er nicht mehr unter Menschen ist«. Nach seinem Tod verweigerte der Senat ihm diese Ehre.

Vespasian, ein guter Kaiser, scherzte, als er starb: »Du liebe Zeit! Ich muß ein Gott werden!« Sein Sohn Titus, dessen Herrschaft aufgrund einer Krankheit nur sehr kurz war, wurde nach seinem Tod von seinem Bruder Domitian mit einem Kult bedacht. Domitian selbst, der als »Herr und Gott« angeredet werden wollte, verfolgte Juden und Christen, die ihm die göttliche Verehrung verweigerten. Allgemein gefürchtet und unbeliebt, wurde Domitian nach seinem Tod von jedem verurteilt.

Kaiser wurden als besonders von den Göttern begünstigt betrachtet, schon bevor einige sich für göttlich erklärten. Diese Kamee zeigt Kaiser Augustus, wie er, neben der Göttin Roma sitzend, von Kybele gekrönt wird, die von Neptun und Fortuna begleitet wird. Es wurde hergestellt, um an den Sieg Tiberius (der vorn auf dem Wagen steht) über die Pannonier zu erinnern.

Die Christen waren gewillt, für ihren Kaiser zu beten und der römischen Autorität zu gehorchen. In einem Brief an Timotheus ermahnte Paulus: »Tue Bitte, Gebet, Fürbitte und Danksagung für alle Menschen, für die Könige und für alle Obrigkeit.« Ebenso schrieb er den Christen in Rom: »Jedermann sei untertan der Obrigkeit, die Gewalt über ihn hat. Denn es ist keine Obrigkeit ohne von Gott.« Aber die Christen waren nicht bereit, im Rahmen des Kaiserkultes zu opfern. Auch die Juden teilten diese Haltung, wurden aber als nationale »anerkannte Religion« toleriert. Die Christen, die sich aus vielen Nationalitäten zusammensetzten, wurden als eine unsittliche Geheimgesellschaft verdächtigt. Wenn sie das Opfer verweigerten, wurden sie sofort wegen Landesverrats verfolgt.

Der Kaiserkult hatte eine eher politische als religiöse Bedeutung. Es gibt keine Hinweise darauf, daß zu den göttlichen

1. Timotheus 2,1–3

Römer 13,1

Kaisern gebetet worden wäre. In allen römischen Provinzen wurde der offizielle Kaiserkult von Beamten organisiert, um die Treue zu Rom zu fördern. Die römische Religion war vor allem ein Staatskult. Ein Historiker betonte, daß »die Verehrung römischer Götter eine bürgerliche Pflicht ist, die Anbetung fremder Götter aber ein Ausdruck persönlichen Glaubens«. Später wandten sich die Römer zunehmend den »orientalischen Mysterienreligionen« des Nahen Ostens zu.

Juden und Christen Dem römischen Historiker Sueton zufolge wies Kaiser Claudius (41–54 n.Chr.) Juden aus Rom aus, die anscheinend Unruhe stifteten »auf Antreiben des Christus«. Christus wird ein anderer Name für Jesus Christus sein, und die Unruhe kann durch jüdisch-christliche Lehrer wie Aquila und Priscilla aufgekommen sein. Sie wurden gezwungen, Rom 49 n.Chr. zu verlassen, und trafen Paulus 2 Jahre später in Korinth. Wie der Schreiber Dio Cassius berichtet, verbot Claudius den Juden nur ihre Versammlungen; es war keine völlige Vertreibung. Es gibt auch keinen Hinweis auf jüdisch-christliche Zusammenstöße in Paulus' Brief an die Römer.

Aus diesem Brief läßt sich aber schließen, daß es in der Stadt vor 60 n.Chr. einen ziemlich großen Kreis von Christen gab – er nennt 5 Hausgemeinden. Laut Überlieferung erlitten Paulus und Petrus in der Stadt das Martyrium, obwohl es dafür keine zwingenden Beweise gibt.

Neros Frau Poppäa war vielleicht zum Judentum bekehrt, stand jedenfalls den Juden wohlwollend gegenüber. Als der Historiker Josephus 64 n.Chr. nach Rom kam, wurde er der Poppäa von einem jüdischen Schauspieler vorgestellt, einem Günstling Neros. In Neros Regierungszeit fiel auch der jüdische Aufstand, der 66 in Palästina ausbrach. Für die Arbeit an einem Kanal, der durch den Isthmus von Korinth führen sollte, setzte Nero jüdische Gefangene als Arbeiter ein, die ihm von General Vespasian geschickt wurden.

Am Ende des jüdischen Kriegs kamen Tausende von jüdischen Gefangenen nach Rom, die im Triumphzug des Titus mitziehen und bei den Gladiatorenspielen mitmachen mußten. Titus wurde begleitet von seiner Mätresse, der herodianischen Prinzessin Berenice. Unter den flavischen Kaisern erhielt Josephus das römische Bürgerrecht, eine Pension und den römischen Namen Flavius.

Kaiser Domitian verfolgte Juden und Christen. Unter denen, die er zum Tode verurteilte, war sein eigener Vetter Flavius Clemens, dem »Atheismus« und »jüdische Bräuche« zur Last gelegt wurden. Clemens' Frau Domitilla, die verbannt wurde, soll nach dem Kirchenhistoriker Eusebius eine Christin gewesen sein. Spätere Überlieferungen behaupten, daß auch Clemens Christ war.

Archäologen fanden hauptsächlich in Katakomben die Spu-

Die Christen Roms wurden vom 1. bis zum 4. Jh. n. Chr. häufig verfolgt. Ihre Kunst spiegelt ihren Glauben wieder. Dieses Gemälde, das Jesus als guten Hirten zeigt, stammt aus einer römischen Katakombe des 2. Jahrhunderts.

ren der Juden Roms. Die Juden, die in Palästina gewöhnlich Grabkammern aus dem Kalkstein herausmeißelten, übertrugen diesen Brauch auf Roms weiches vulkanisches Tuffgestein. Drei große jüdische Katakomben sind erhalten: Die älteste in Monteverde wird schon im 1. Jh. v.Chr. benutzt worden sein; die Katakomben der Via Appia und der Via Nomentana waren vom 1. bis 3. Jh. n. Chr. in Gebrauch.

Es ist bezeichnend, daß 76 % der Katakombeninschriften in griechischer Sprache sind, 23 % in Lateinisch und nur 1 % in Hebräisch oder Aramäisch. Aus dem Inhalt geht hervor, daß viele der römischen Juden arm, nur wenige wohlhabend waren. Die Inschriften zeigen auch, daß 7 der 11 Synagogen Roms außerhalb der Innenstadt lagen, jenseits des Tiber in einem ziemlich verwahrlosten und übervölkerten Viertel.

1961 wurde in Ostia, dem Hafen an der Mündung des Tiber, eine Synagoge entdeckt. Ein Teil des Gebäudes stammt vom Ende des 1. Jahrhunderts n.Chr. Wandkritzeleien in Pompeji beweisen, daß vor der Zerstörung 79 n.Chr. dort Juden lebten. Einer der Juden oder vielleicht ein Christ beschwerte sich über die dekadente Sittenlosigkeit der Stadt mit der Maueraufschrift »Sodom und Gomorrha«.

Juden wurden auffallend oft in der römischen satirischen Literatur Gegenstand des Spotts. Der Dichter Horaz spielte auf ihr Suchen nach Konvertiten und ihren Wunderglauben an. Die Schriftsteller Seneca und Juvenal warfen ihnen ihre Untätigkeit am Sabbat vor. Tacitus gab skurrile antisemitische Erklärungen für ihre genauen Speisevorschriften wieder.